HISTÓRIA MEDIEVAL
DO OCIDENTE

Dados Internacionais de Catalogação na Publicação (CIP)
(Câmara Brasileira do Livro, SP, Brasil)

Calainho, Daniela Buono
   História medieval do Ocidente / Daniela Buono Calainho. – Petrópolis, RJ : Vozes, 2014. – (Série História Geral)

Bibliografia.

5ª reimpressão, 2024.

ISBN 978-85-326-4907-2

1. Civilização medieval 2. Idade Média – História I. Título. II. Série.

14-10363   CDD-909.07

Índices para catálogo sistemático:
1. Idade Média : História   909.07

Daniela Buono Calainho

HISTÓRIA MEDIEVAL
DO OCIDENTE

© 2014, Editora Vozes Ltda.
Rua Frei Luís, 100
25689-900 Petrópolis, RJ
www.vozes.com.br
Brasil

CONSELHO EDITORIAL

Diretor
Volney J. Berkenbrock

Editores
Aline dos Santos Carneiro
Edrian Josué Pasini
Marilac Loraine Oleniki
Welder Lancieri Marchini

Conselheiros
Elói Dionísio Piva
Francisco Morás
Gilberto Gonçalves Garcia
Ludovico Garmus
Teobaldo Heidemann

Secretário executivo
Leonardo A.R.T. dos Santos

PRODUÇÃO EDITORIAL

Aline L.R. de Barros
Marcelo Telles
Mirela de Oliveira
Otaviano M. Cunha
Rafael de Oliveira
Samuel Rezende
Vanessa Luz
Verônica M. Guedes

Conselho de projetos editoriais
Luísa Ramos M. Lorenzi
Natália França
Priscilla A.F. Alves

© Editora PUC-Rio
Rua Marquês de São Vicente, 225
Casa da Editora PUC-Rio
Gávea
22451-900 Rio de Janeiro, RJ
Tel.: (21) 3527-1760/1838
edpucrio@puc-rio.br
www.puc-rio.br/editorapucrio

Reitor
Pe. Josafá Carlos de Siqueira, S.J.

Vice-reitor
Pe. Álvaro Mendonça Pimentel, S.J.

Vice-reitor para Assuntos Acadêmicos
Prof. José Ricardo Bergmann

Vice-reitor para Assuntos Administrativos
Prof. Luiz Carlos Scavarda do Carmo

Vice-reitor para Assuntos Comunitários
Prof. Augusto Luiz Duarte Lopes Sampaio

Vice-reitor para Assuntos de Desenvolvimento
Prof. Sergio Bruni

Decanos
Prof. Júlio Cesar Valladão Diniz (CTCH)
Prof. Luiz Roberto A. Cunha (CCS)
Prof. Luiz Alencar Reis da Silva Mello (CTC)
Prof. Hilton Augusto Koch (CCBM)

Conselho Gestor Editora Puc-Rio
Augusto Sampaio, Danilo Marcondes,
Felipe Gomberg, Hilton Augusto Koch,
José Ricardo Bergmann, Júlio Cesar Valladão
Diniz, Luiz Alencar Reis da Silva Mello,
Luiz Roberto Cunha, Miguel Pereira e
Sergio Bruni.

Mapas e gráficos: Fábio Oliveira de Souza
Pesquisa iconográfica: Paloma Brito

Editoração: Flávia Peixoto
Diagramação: Sandra Bretz
Capa: Felipe Souza | Aspectos
Ilustração de capa: © Valery Sibrikov | Dreamstime

ISBN 978-85-326-4907-2 (Vozes)
ISBN 978-85-8006-146-8 (PUC-Rio)

Todos os direitos reservados. Nenhuma parte desta obra poderá ser reproduzida ou transmitida por qualquer forma e/ou quaisquer meios (eletrônico ou mecânico, incluindo fotocópia e gravação) ou arquivada em qualquer sistema ou banco de dados sem permissão escrita da editora.

Este livro foi composto e impresso pela Editora Vozes Ltda.

Sumário

Apresentação, 7
Introdução – O que significa "Idade Média"?, 13

Unidade I. A Alta Idade Média (séculos V a X), 17

1 Os germânicos no Ocidente, 19
2 Os francos merovíngios e carolíngios, 27
3 A Igreja na Alta Idade Média, 37

Unidade II. A Baixa Idade Média (séculos X a XIV), 45

4 Os historiadores e o feudalismo, 47
5 A sociedade feudal, 55
6 As monarquias feudais, 63
7 Crescimento demográfico e estrutura agrária no Ocidente
   Medieval, 73
8 A expansão do comércio e as cidades no Ocidente Europeu, 79
9 A Igreja no Ocidente Medieval, 91
10 A cultura medieval, 107
11 A crise do século XIV, 121

Apresentação

A coleção de quatro volumes sobre História Geral que ora ofe-recemos aos leitores pretende apresentar obras que se caracterizem pelo absoluto rigor acadêmico, com informações precisas, bibliografia geral e específica e notas explicativas, mas cujos textos tenham como qualidades indispensáveis a fluência e a clareza. Mesmo em momentos mais conceituais a intenção é evitar um hermetismo artificialmente ilustrado.

Embora os livros tenham sido concebidos no âmbito de um mesmo projeto e, nesse sentido, se complementem, cada um deles é formatado de tal modo que pode ser adotado isoladamente na medida das necessidades específicas de professores e alunos.

Nesse sentido, o trabalho está direcionado para alunos de gradua-ção das áreas de Ciências Sociais e Humanas, dentre elas: História, Sociologia, Filosofia, Artes, Relações Internacionais, Geografia, Direito, Comunicação Social etc. Poderá, também, ser utilizado por estudantes e professores das últimas séries do Ensino Médio, assim como por pessoas simplesmente interessadas em conhecer melhor a história da nossa civilização.

Livro 1 – História antiga

O fio condutor desse volume diz respeito aos problemas e desa-fios colocados pela expansão capitalista europeia e a crescente experiência de um mundo globalizado. De início, talvez seja estranho pensar em que medida uma história de gregos e romanos possa contribuir para a compreensão do tempo presente. No entanto, a autora aposta que cabem, em grande medida aos historiadores, se não as respostas, pelo menos perguntas que possam ainda garantir um conceito de humanidade que contemple a pluralidade e as diferenças que se apresentam sempre abertas como possibilidade de vida humana neste mundo. A autora convida os leitores, então, ao exercício de um pensamento que possa nos colocar diante dos problemas que os homens gregos e romanos enfrentaram e configuraram ao longo de sua história. Obedecendo a uma cronologia, são apresentadas questões que dizem respeito, sobretudo, à partilha do mundo tanto entre gregos quanto entre os romanos. Partilha essa compreendida como os diferentes tipos de organização humana enquanto respostas a determinadas circunstâncias históricas.

Lançar questões para um mundo tão semelhante e ao mesmo tempo tão diferente do nosso pode ser enriquecedor para o ofício dos historiadores do século XXI na medida em que nos permite olhar de frente a questão da diferença e da alteridade na trajetória da própria história ocidental. Ao invés de construirmos um passado greco-romano para buscar origens que autorizem uma "superioridade" civilizatória ocidental, podemos encontrar outras possibilidades de identidade.

Para essa tarefa o livro contém uma primeira parte com a história dos gregos do fim da realeza micênica (século XII a.C.) até a expansão macedônica (século III a.C.) e uma segunda parte com a história dos romanos da realeza (século VII a.C.) até a construção e crise do império (século III d.C.).

Como já foi apontado, o fio condutor será desenvolvido através do contraste entre aquilo que nos parece tão familiar nessas sociedades, mas que, quando olhadas sob novas perspectivas, pode nos causar estranhamento. Assim, a aposta por esse jogo entre o mesmo e o diferente nos permitiria pensar sobre o tempo presente de modo mais criativo.

Livro 2 – História medieval do Ocidente

Este segundo volume tem por objetivo realizar um estudo acerca do Ocidente cristão entre os séculos V e XIV, envolvendo aspectos econômicos, políticos, sociais, culturais e religiosos. Para tanto, o período será dividido em dois grandes blocos já consagrados pela historiografia, a saber: a *Alta Idade Média*, englobando os séculos V a X, e a *Baixa Idade Média*, que se inicia a partir do século XI e vai até o século XIV. O critério para esta divisão da Idade Média no Ocidente tem por base o Feudalismo. A Alta Idade Média vai se caracterizar por um período de formação desta estrutura feudal, e no momento subsequente – a Baixa Idade Média –, esta estrutura já estará plenamente consolidada. Em cada um destes períodos, serão apresentados grandes temas (economia, política, sociedade, religiosidade etc.) dentro da respectiva cronologia desta divisão historiográfica da Idade Média.

Livro 3 – História moderna

O livro se propõe a fornecer um mapa das contribuições da história social e da história intelectual/dos conceitos, articuladas por meio de três categorias – Igrejas, Estados e república internacional do dinheiro – que representam as forças em jogo na primeira época moderna e permitem orientar a seleção dos conteúdos de cada capítulo.

Entrecruzar Igrejas, Estados e república internacional do dinheiro permite relacionar linhagens historiográficas que costumam ser consideradas separadamente. De fato, as narrativas de história moderna tendem a apresentar as reformas, as guerras de religião e a expansão colonial como capítulos separados, histórias paralelas que não se comunicam entre si. Ao passo que os homens modernos que se depararam com os processos econômicos e políticos de seu tempo, para entender as mudanças e novidades que vivenciaram e para poder sugerir normas de comportamento ou servir ao sistema de poder no qual estavam inseridos, precisaram levar em consideração o entrelaçamento dessas forças, bem como produzir um conjunto de conhecimentos práticos e teóricos que os capacitassem a intervir no mundo em que viviam. Todos aqueles que necessitavam compreender e diagnosticar as situações históricas que estavam vivendo, para orientar sua práxis, tiveram que, necessariamente, de algum modo, lidar com príncipes, soberanos, filósofos, artistas, eclesiásticos, mercadores e investidores.

O observatório do qual se parte é o da América inserida no Império Ibérico ultramarino, ou seja, da América Portuguesa e suas relações atlânticas. Neste sentido, é proposta uma periodização adequada a enfocar as novas relações estabelecidas entre conhecimentos, finanças, política e igrejas confessionais, mas sempre com particular atenção à experiência ibérica, privilegiando a apresentação dos conteúdos clássicos de história moderna (o humanismo renascentista, as reformas religiosas, a revolução artística, entre outros) em conexão com a caracterização da política da expansão colonial e da administração de grandes impérios ultramarinos que foram experiências fundadoras de nossa modernidade.

Livro 4 – Formação do mundo contemporâneo

O texto central da obra está dedicado a apresentar aspectos sociais, culturais e políticos da chamada sociedade global entre o final do século XIX e o atual século XXI. Para tanto a obra está dividida em três grandes blocos, a saber: a formação da sociedade burguesa do final do século XIX (1870-1914), o período das grandes crises militares, sociais, ideológicas e econômicas (entre 1914 e 1945) e as tensões do tempo presente (1945-2001).

Cabe esclarecer nessa apresentação alguns aspectos dessa estrutura. O fio condutor da narrativa será o processo de tensão interno e externo derivado da expansão dos valores laicos, materialistas e racionalistas da sociedade europeia-americana ao longo desse extenso e turbulento período histórico.

Em um primeiro momento, o autor aborda a consolidação da "sociedade burguesa". Como esse termo é generalista e pode abrigar diversos processos e significados, refere-se especificamente à disseminação e o compartilhamento de experiências, projetos e valores que constituíram o centro da sociedade burguesa europeia. E por burguês é denominada uma forma definida de relação econômica assim como de política – a democracia parlamentar liberal; e, por fim, uma forma específica de visão de mundo – filtrada pela lente do indivíduo. Nenhum desses elementos era novo nem historicamente inédito no final do século XIX, mas sua configuração como rede de sustentação de uma "civilização", materialmente vigorosa e culturalmente autocentrada, permite considerar uma singularidade para as décadas que antecedem a Grande Guerra.

Em seguida, o livro aborda o momento conturbado cujo eixo é a grande guerra de "30 anos" entre 1914 e 1945. O conflito, que se iniciou em 1914 e terminou com a explosão das bombas atômicas e o desvendamento do Holocausto, inaugurou o que diversos historiadores denominam de "era das catástrofes", denominação que se aplica ao continente europeu e também ao mundo.

Esse imenso "tempo sombrio", que envolve a Revolução na Rússia, a crise global de 1929 e os fascismos, mobilizou homens e consumiu recursos em todos os continentes. O período e suas crises não foi notável pelos territórios que tocou, mas pela extensão dos meios materiais que consumiu e pelo impacto cultural e social que marcou gerações em todos os continentes. Foi o grande período de tensão da moderna sociedade de consumo e do capitalismo internacionalizado.

Por fim, na terceira parte o texto enfoca o desenvolvimento entre dois movimentos interligados: as tentativas de construir uma ordem internacional estável e o movimento instável de ampliação do conceito de Estado-nação na direção do antigo "território colonial" construído pelas grandes potências desde o final do século XIX. A Guerra Fria, ou o mundo unipolar do final do século XX, e as guerras de libertação colonial constituem os elementos que são apresentados, em diálogo, na última parte do livro.

Introdução

O que significa "Idade Média"?

Este livro tem por objetivo realizar um estudo acerca do Ocidente cristão entre os séculos V e XIV, envolvendo aspectos econômicos, políticos, sociais, culturais e religiosos. Com o intuito de facilitar o nosso trabalho, vamos dividir este vasto período em dois grandes blocos, já consagrados pela historiografia, a saber: a *Alta Idade Média*, englobando os séculos V a X, e a *Baixa Idade Média*, que começou no século XI e se estendeu até o século XIV. O critério para esta divisão da Idade Média no Ocidente tem por base o *Feudalismo*, conceito que mais tarde iremos amplamente desenvolver e aprofundar. Portanto, a Alta Idade Média se caracterizou por um período de formação desta estrutura feudal, e no momento subsequente – a Baixa Idade Média –, esta estrutura já estava plenamente consolidada. Em cada um destes períodos, iremos trabalhar grandes temas (economia, política, sociedade, religiosidade etc.) dentro da respectiva cronologia desta divisão historiográfica da Idade Média.

Algumas considerações iniciais são bem importantes. A primeira delas já anunciamos, quando justificamos os blocos de nosso estudo: a de que Idade Média não é sinônimo de feudalismo, ou seja, este termo vai ter um significado específico que marcou uma fase da Idade Média, denominada de Baixa Idade Média. Idade Média, portanto, abarcou sociedades bem distintas, que não foram tipicamente feudais, como as sociedades bizantina e muçulmana, enfatizando a ideia de que Idade Média e feudalismo não são a mesma coisa. E feudalismo é um conceito historiográfico, aplicável não apenas ao Ocidente cristão neste período, mas também a outras regiões, como o Japão, que teve uma estrutura feudal que durou até o século XIX.

Mas, se a partir século X se consolidou no Ocidente uma sociedade feudal, a desagregação desta estrutura também foi lenta. Tanto é que para muitos autores a Época Moderna foi considerada como um período de transição entre o feudalismo e o capitalismo, uma vez que, apesar da crise do século XIV, ainda estavam presentes elementos feudais mesclados a elementos pré-capitalistas.

Para adentrarmos neste vasto mundo medieval que durou quase 10 séculos é interessante entendermos a origem deste termo "Idade Média". Se pensarmos um pouco: Que associações de ideias nos vêm à cabeça quando ouvimos "Idade Média"? O termo, para muitos, pode estar vinculado a obscurantismo, perseguição religiosa, Peste Negra, superexploração do campesinato etc. Ou seja, a visão que se tem deste período é negativa e detratora, o que podemos perceber claramente em muitos livros didáticos.

A origem desta imagem negativa, deturpada da Idade Média, advém dos séculos XV e XVI – época do Renascimento. Este importante movimento cultural, artístico, intelectual e científico teve como modelo a civilização greco-romana, que foi, segundo os intelectuais do período, brutalmente interrompida pela presença dos germanos no Ocidente e pela crise que derrubou o Império Romano. A Idade Média, então, foi vista como um hiato, uma fase de interrupção do progresso humano, um período intermediário – daí *media* – entre o esplendor da Antiguidade Clássica e os "novos tempos" dos renascentistas e humanistas. A Idade Média foi considerada, então, como "Idade das Trevas", a exemplo do poeta italiano Francesco Petrarca (1304-1374), que se referiu ao período como *tenebrae* (sombra, escuridão).

Percebida como uma época de grande fanatismo religioso, ignorância e estagnação econômica, a Idade Média – a "longa noite de mil anos" – foi desprezada e detratada por vários intelectuais, como o renomado pintor Rafael Sanzio (1483-1520), que denominou a arte medieval de *gótica*, termo que era sinônimo de *bárbara*.

Este olhar preconceituoso do período medieval se consolidou no século XVI, quando o italiano Giorgio Vasari, publicando uma obra biográfica dos grandes artistas da época, popularizou o termo "Renascimento", em contraponto ao período anterior. E, já no século XVII, o alemão Christian Keller publicou, em 1688, um manual escolar intitulado *Historia Medii*, congregando-o a outros dois de sua autoria, dedicados à Antiguidade e aos Tempos Modernos.

Tempo de reis fracos, de fragmentação política, de estagnação econômica e comercial, tempo em que a Igreja manipulava a sociedade, tempo de barbárie e ignorância, e tempo em que os valores espirituais se sobrepunham à razão, a Idade Média manteve, nos séculos XVII e XVIII, a mesma imagem que fora construída no período renascentista. Os papas, segundo Voltaire (1694-1778), eram fanáticos, simbolizando o atraso daquele período histórico, e a Igreja era alcunhada de "a Infame".

Mas, no século XIX, esta percepção se modificou, reabilitando-se a Idade Média em função do deslanchar dos ideais nacionalistas típicos dos oitocentos, que resgataram a importância da história nacional, sobretudo na França. Já no século XX, a mudança de perspectiva foi significativa, pois os estudos sobre o período medieval foram extremamente enriquecidos com a publicação de obras de historiadores egressos da escola historiográfica dos *Annales*, nascida na França em 1929, e que muito contribuiu para uma nova forma de se pensar e escrever a história. A Idade Média passou a ser encarada não mais como um período obscuro, mas sim como objeto de reflexões historiográficas ancoradas em novas fontes e metodologias. Assim, o que pretendemos ao longo do curso é também desmistificar este suposto lado tenebroso da Idade Média.

Leituras complementares

FRANCO JÚNIOR, H. *A Idade Média* – Nascimento do Ocidente. São Paulo: Brasiliense, 1988.

PERNOUD, R. *Luz sobre a Idade Média*. Lisboa: Europa América, 1997.

UNIDADE I

A ALTA IDADE MÉDIA
(Séculos V a X)

1

Os germânicos no Ocidente

Para iniciarmos nosso estudo sobre a Idade Média é necessário voltarmos um pouco atrás para relembrarmos algumas questões que irão nos ajudar a compreender melhor este período. Nosso salto chega até o século I, período da história de Roma que se consagrou como *Paz Romana*, ou seja, uma fase de grande prosperidade econômica e estabilização política e social. O expansionismo territorial romano já havia cessado, o império englobava a Europa Ocidental, o Norte da África e a Ásia Menor (cf. Mapa 1). No entanto, o fim das conquistas territoriais levou à estagnação da entrada de escravos, mão de obra fundamental e sustentáculo de toda a sua economia. Configurava-se, assim, a origem da crise que minou o império, e no século III a dificuldade de reposição desta mão de obra já era significativa, levando a uma queda de todos os setores produtivos do Estado romano.

A alternativa de sobrevivência a estas grandes dificuldades foi o regime do *colonato*, ou seja, um grande proprietário arrendava parte de sua terra a um arrendatário, que em troca lhe pagava com parte da sua produção. No contexto de crise romana, várias camadas da sociedade se viram diante desta possibilidade: camponeses, pequenos comerciantes falidos, indivíduos que atuavam nas cidades etc. Iniciava-se, pois, na Europa, um processo de migração da população da cidade para o campo, um processo crescente de *ruralização* desta sociedade. As vantagens do sistema do colonato foram várias: o grande proprietário retomava sua produção e recompunha sua força de trabalho, agora não mais escrava, e que se autossustentava. E para o resto da população despossuída, falida com a crise, era um meio imediato de sobrevivência material.

O século IV presenciou um enorme contraste entre as províncias ocidentais e orientais do império: as primeiras ficaram cada vez mais autossuficientes, com as grandes propriedades – as *vilas* – nas mãos de uma minoria, rumando para uma ruralização sem precedentes. Já as províncias orientais, em função da sua tradicional estrutura econômica, resistiram melhor à crise, mas, como este não é nosso objeto, deixemos de lado o Oriente. Em 395, o império se dividiu em Oriente e em Ocidente, numa tentativa de ser melhor governado, mas este último esfacelou-se de vez no século V com a entrada maciça dos *germanos* em seus limites territoriais, configurando-se o que se chamou genericamente de *crise do escravismo antigo* (cf. Mapa 2).

É senso comum denominarmos não só os germanos, mas outros grupos que margearam o Império Romano, de *bárbaros*. Este termo já era usado entre os gregos, pois Heródoto dizia que os egípcios chamavam de "bárbaros" todos aqueles que falavam uma língua diferente e que não compartilhavam dos costumes e da civilização dos helenos. Os romanos adotaram tal concepção, considerando "bárbaros" aqueles povos que estavam fora das suas fronteiras, estrangeiros não assimilados, e que tinham uma cultura inferior à romana. Este sentido pejorativo do termo encontrou eco no período renascentista, a partir do século XV, quando surgia o conceito de Idade Média como "idade das trevas", como vimos anteriormente. Era corrente a ideia de que os "bárbaros" haviam destruído a civilização greco-romana com toda a sua rudeza e inferioridade cultural, intelectual etc.

Mas quem eram, na verdade, estes "bárbaros"? O historiador Ferdinand Lot, no seu livro *O fim do mundo antigo e o princípio da Idade Média*, fixou cinco categorias de povos que margeavam o Império Romano nestes primeiros séculos: os *germanos*, eslavos, escandinavos, árabes e mongóis. Privilegiaremos em nosso estudo o grupo dos germanos pela importância que tiveram na gênese da sociedade europeia.

No século I a.C., o grego Posidônio publicava um relato de viagem em que classificava como *germanos* o conjunto de povos instalados entre os rios Reno e Vístula, e por conseguinte batizava esta região de Germânia. Mas foi a partir da obra do romano Tácito, *Germânia*, publicada no século I, que pudemos melhor conhecer as características gerais destes grupos. Tácito ocupou altos cargos no Império Romano, um dos quais a administração das províncias orientais, tendo contato próximo com a região da Germânia.

Quais foram, então, as características gerais destes povos? Os germanos não tinham noção de Estado organizado, de propriedade privada e nem de vida urbana. Eram povos seminômades, cuja base social era o clã. Viviam da agricultura, da pecuária e a terra comunal, distribuída entre as famílias. O nível tecnológico que possuíam era rudimentar, e, esgotada a produtividade das terras, iam sempre em busca de novos locais para se instalar. Eram sociedades militares por excelência, vivendo da pilhagem e da guerra, como atestam os achados arqueológicos, e o artesanato existia em função das armas de combate. As diversas tribos eram organizadas num *comitatus*, ou seja, um grupo de guerreiros liderados por um chefe mais velho, sábio e experiente, a quem todos deviam fidelidade absoluta.

Os primeiros contatos entre romanos e germanos se deram ainda no século I a.C, nas fronteiras do império, através de pequenas incursões isoladas: por falta de terras, obrigações rituais de jovens que tinham de buscar fortuna fora dos seus limites territoriais. Quando Roma finalizou seu processo de conquista no século I, a prioridade do império foi organizar e defender as fronteiras, ou *limes*, construindo pequenos fortes em intervalos regulares. Atrás das fortalezas, nos acampamentos dos soldados, alguns grupos começaram a levar produtos para serem trocados: âmbar, trigo, peles etc. Foi também neste momento, em que Roma partia para uma política defensiva, que os germanos começaram a penetrar nas legiões romanas: num primeiro momento recrutados nas fronteiras, em pequeno número e por um certo período de tempo; depois, através de tratados estabelecidos com os chefes, com um caráter permanente; e, por fim, a entrada nas tropas se generalizou, chegando alguns a ocupar altos postos no exército romano.

A partir do século III, e principalmente no IV, já em meio à crise, a política de defesa do território romano complicou-se bastante, deixando as fronteiras bem vulneráveis. Neste momento, penetraram nos limites do império vários grupos, apesar dos esforços dos imperadores Diocleciano (284-305) e Constantino (324-337) em instalar várias tribos nas fronteiras para auxiliar na defesa – as chamadas "tribos federadas". Em fins do século IV e inícios do V, o aparecimento dos hunos na planície russa exerceu uma forte pressão sobre os germanos, fazendo-os penetrar em massa no Ocidente (cf. Mapas 3 e 4). Vindos da Mongólia, os hunos eram nômades, vivendo da caça, pastoreio e pilhagem. Grandes cavaleiros, guerreiros por excelência, tinham um estágio civilizatório mínimo, quase neolítico, sendo sua maneira de viver chocante para o império.

Ao longo do século V, vários reinos romano-germânicos foram se formando no Ocidente, mas tiveram um caráter pouco duradouro (cf. Mapa 5). Não nos esqueçamos que estes grupos não tinham noção de estruturas estatais, daí terem reproduzido as instituições romanas, porém com pouca eficácia. Em meio ao processo de conquista, houve um acentuado aumento da ruralização do Ocidente, já em curso, como vimos, e sem nenhum prejuízo da estrutura do colonato, muito pelo contrário. Os germanos foram se integrando a este sistema e se tornando grandes proprietários através do regime de *hospitalitas*, ou seja, a imposição aos grandes proprietários romanos das vilas da cessão de dois terços de suas terras aos germanos. Portanto, vimos no Ocidente o início da formação de uma aristocracia germânica, que ao longo do tempo foi se integrando à aristocracia romana através de casamentos mistos.

Em termos sociais, a penetração dos germânicos reforçou os laços de dependência entre os homens, primeiramente pelo fator óbvio da segurança. As migrações estimularam ainda mais a busca pela proteção de grandes proprietários por parte dos despossuídos. Depois, pelo fato de a sociedade germânica ser rigidamente hierarquizada e pautada em laços de dependência pessoal, como era o caso da estrutura do *comitatus*, que evidentemente não se reproduziu na sua forma original, mas deixou bem marcada a ideia de fidelidade pessoal.

O século VI pode ser visto como uma segunda fase da existência dos reinos romano-germânicos no Ocidente. Os Estados originais foram desaparecendo em função das sucessivas partilhas territoriais, pois o território era visto como uma propriedade pessoal do rei, daí ser dividido entre os herdeiros. Esta segunda fase de migrações foi marcada basicamente pela conquista da Gália pelos francos; pela ocupação anglo-saxônica da Inglaterra e pela ocupação da Itália pelos lombardos. Vamos privilegiar, a partir de agora, o foco de nosso estudo: o Reino dos Francos na região da Gália e arredores.

Leituras complementares

ANDERSON, P. *Passagens da antiguidade ao feudalismo*. São Paulo: Brasiliense, 1992.

FRANCO JÚNIOR, H. *A Idade Média* – Nascimento do Ocidente. São Paulo: Brasiliense, 1988.

Mapas

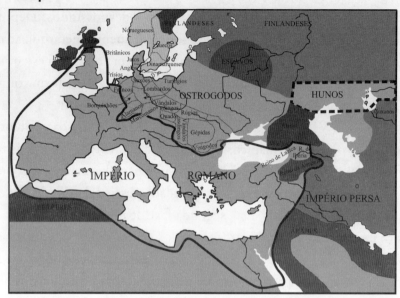

Mapa 1 O Império Romano e os povos considerados como "Bárbaros", em 362.
Fonte: McEVEDY, C. *Atlas de História Medieval*. São Paulo: Verbo, 1990, p. 19.

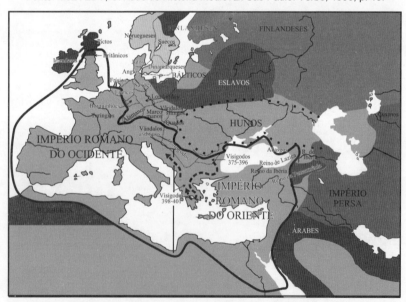

Mapa 2 Império Romano dividido em Império Romano do Ocidente e
Império Romano do Oriente.
Fonte: McEVEDY, C. *Atlas de História Medieval*. São Paulo: Verbo, 1990, p. 21.

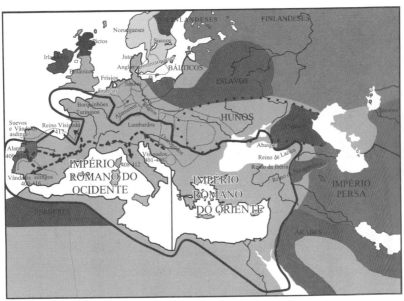

Mapa 3 Povos germânicos no Império Romano do Ocidente, 420 d.C.
Fonte: McEVEDY, C. *Atlas de História Medieval*. São Paulo: Verbo, 1990, p. 23.

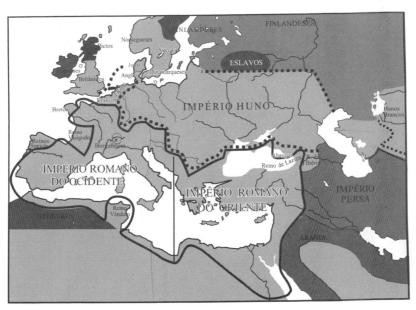

Mapa 4 Hunos na Europa Oriental, 450 d.C.
Fonte: McEVEDY, C. *Atlas de História Medieval*. São Paulo: Verbo, 1990, p. 25.

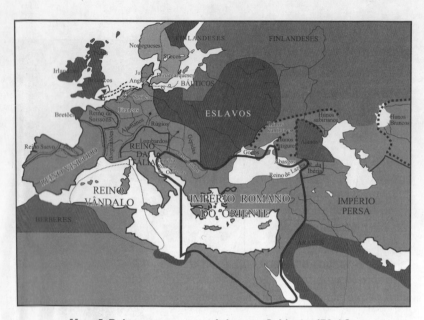

Mapa 5 Reinos romano-germânicos no Ocidente, 476 d.C.
Fonte: McEVEDY, C. *Atlas de História Medieval*. São Paulo: Verbo, 1990, p. 27.

2

Os francos merovíngios e carolíngios

O poder da vassalagem

Como vimos no capítulo anterior, o século VI foi marcado por uma segunda onda da penetração germânica no Ocidente. O Reino dos Francos, nosso foco de estudo, foi o único que conseguiu se consolidar como uma força política. As tribos francas, dispersas, foram unificadas ainda no século V por Clóvis, que ainda empreendeu várias campanhas militares conseguindo conquistar a Gália. Este monarca fundou a dinastia *merovíngia*, nome decorrente do Rei Meroveu, seu avô.

É importante destacar, no entanto, um fator crucial para o fortalecimento político dos francos: a conversão de Clóvis ao cristianismo. A Igreja Católica tinha interesses na configuração de um Estado forte, no intuito de fazer frente a grupos como os borgúndios e visigodos, adeptos da heresia do *arianismo*. Eles acreditavam que Cristo era inferior a Deus, e o temor que esta crença se propagasse estimulou a união da Igreja com Clóvis, que também via nesta instituição um respaldo espiritual importante.

A organização do Estado Merovíngio se fundamentou na fidelidade pessoal. Relembremos da antiga tradição germânica do *comitatus*, isto é, a lealdade de um grupo de guerreiros a um chefe mais velho e sábio, por sinal a única instituição sólida das tribos germânicas. Esta herança se fez presente não na sua forma original, mas sim através de um forte sentimento de se firmar laços de dependência pessoal, que também se cristalizara nos últimos séculos do Império Romano através do colonato. Vemos, assim, que esta questão da dependência pessoal vem das duas tradições, a romana e a germânica, firmando-se com todo vigor no Ocidente.

Como se deu, então, a estruturação política merovíngia? A partir de laços de *vassalagem*, que vão se configurar em vários níveis:

1) Entre o rei e os proprietários de terras: em troca de auxílio militar, o rei concedia terras – chamadas de *beneficium* – aos grandes proprietários, aumentando cada vez mais o poder desta aristocracia territorial. Portanto, o exército, que não era profissional, compôs-se destes aristocratas, que tiveram um papel primordial na centralização do poder.

2) Entre o rei e seus funcionários: também em troca de seus serviços, o rei remunerava os funcionários com o *beneficium*.

Neste processo de concessão territorial o beneficiário – fossem os grandes proprietários, fosse a corte real –, adquiria o poder de exercer uma justiça local, cobrança de impostos, multas etc.

Outro aspecto que marcou o Estado Merovíngio foi uma visão patrimonial do poder, ou seja, o reino era visto como uma propriedade privada do rei, e, assim sendo, sujeito a partilhas frequentes entre os herdeiros a cada sucessão. As terras reais eram administradas e exploradas pelos chamados "prefeitos do palácio", ou *majordomus*, indivíduos que foram adquirindo bastante poder ao longo do tempo.

Após a morte de Clóvis, o reino ficou dividido em quatro regiões, com relativa independência entre elas: a Nêustria, a Austrásia, a Aquitânia e a Borgúndia, que disputavam entre si a primazia sobre o conjunto do território. No século VII, o governo dos chamados "reis indolentes" exacerbaram a prática das doações territoriais, perdendo estes monarcas, pouco a pouco, sua autoridade. O exercício efetivo do poder passou a estar nas mãos dos prefeitos do palácio. Em 732, Carlos Martel, oriundo da Austrásia, então prefeito do palácio, bloqueou a expansão muçulmana na Europa Ocidental, adquirindo assim grande prestígio, sendo visto como uma espécie de "salvador" da Cristandade. E seu filho, Pepino o Breve, com enorme apoio da Igreja, foi coroado rei dos francos, iniciando a partir daí a Dinastia dos *Carolíngios*.

Os interesses da Igreja Católica estavam novamente em jogo, pois esta se deparava com a ameaça dos bizantinos e dos lombardos na Itália. Reeditava-se deste modo a antiga aliança entre o papado e o império: a Igreja, preocupada em garantir uma proteção militar e ainda deter os avanços de heresias que certos povos tentavam disseminar no Ocidente; o império, também cioso de ter o respaldo do forte poder espiritual da Igreja.

Mas foi com o filho de Pepino, o Breve, Carlos Magno (768-814), que o Império Carolíngio adquiriu estabilidade e fortaleceu-se politicamente. Em 800, este monarca foi coroado pelo papa, que tinha interesses diretos na configuração de um império sólido e centralizado, como vimos. Renascia no Ocidente, pois, o ideal de uma Europa unificada sob a liderança de um império universal e cristão. Um trecho da coroação de Carlos Magno, no ano de 800, em que as referências ao Império Romano explicitam as perspectivas centralizadoras, revela bem o espírito deste momento:

> Naquele dia santíssimo da Natividade do Senhor, quando o rei se ergueu depois de orar na missa rezada em frente ao túmulo do Bem-aventurado Pedro Apóstolo, o Papa Leão colocou-lhe uma coroa na cabeça e todo o povo dos romanos o aclamou: "Vida e vitória para Carlos Augusto, coroado por Deus grande e pacífico Imperador dos Romanos". E depois deste louvor foi adorado pelo apostólico à maneira dos antigos príncipes, e posta de parte a denominação de Patrício, foi chamado de Imperador e Augusto.

A administração de Carlos Magno foi pródiga em ações que levaram à centralização do poder, evitando uma regionalização do império: a) O império foi dividido em células administrativas (condados, marcas e ducados), governadas por lideranças (condes, marqueses e duques) que tinham por função representar o rei na região, arrecadar impostos e exercer uma justiça local. Eram remunerados através da concessão de terras (benefício), sendo vassalos do rei.

b) Foi criado o cargo de *missi dominici* (enviados do Senhor), agentes itinerantes que percorriam o império na função de fiscalizar e supervisionar o cumprimento das ordens reais e coibir eventuais abusos. Tiveram eficácia relativa, sendo insuficientes para cobrir toda a vastidão territorial do império.

c) Houve uma reforma judiciária, com a criação do Tribunal do Palácio, espécie de Corte Suprema, que tomou para si questões jurídicas que cabiam até então à justiça local dos grandes proprietários. Foram nomeados também juízes locais e criadas as Capitulares, espécie de legislação do poder central para a administração local.

Resta-nos, por fim, entender o processo que levou à derrocada do Império Carolíngio. Se por um lado a prática da vassalagem foi de suma importância para a centralização carolíngia, por outro foi a responsável principal pela crise. Quando o monarca concedia o *beneficium* (terra) em troca de apoio militar, concedia também privilégios políticos para os vassalos. Também, em meados do século IX, no reinado do filho de Carlos Magno, Luís, o Piedoso, cessaram as expedições de conquistas territoriais, diminuindo a quantidade de terras a serem doadas, prejudicando, portanto, a reprodução dos laços vassálicos.

Com a morte de Luís, o Piedoso, o território carolíngio foi dividido entre os seus três filhos, depois de grave luta sucessória pelo poder. Em 843, através do Tratado de Verdun, o império se dividiu em três grandes regiões: a França Ocidental, que coube a Carlos, o Calvo; a chamada Lotaríngia, que coube a Lotário; e a França Oriental, que coube a Luís, o Germânico. A partir de então, com esta partilha territorial, o império se fracionou politicamente, tornando-se extremamente frágil a centralização de outrora (cf. Mapa 1). O que vamos observar é que esta divisão vai originar os futuros reinos da França e Germânico (cf. Mapa 2).

Outro fator que contribuiu para a crise foi a nova onda de invasões que assolou o Ocidente em meados do século IX. Os normandos, oriundos da Escandinávia, conquistaram parte da Bretanha e norte da França; a leste, os magiares, com sua rápida cavalaria, rumaram pela Europa Oriental, levando a devastações materiais significativas e um clima de insegurança generalizada. Fortaleceram-se então os poderes locais dos condes, duques e marqueses, desmoronando-se por completo a ideia de unidade imperial dos tempos de Carlos Magno e configurando-se já uma estrutura feudal na Europa do Ocidente.

Terras e comércio

A atividade fundamental que marcou a economia da Alta Idade Média foi a produção agropastoril. Já sabemos o quão importante era a terra para a estrutura política do Reino dos Francos. Agora, vamos analisar o quão fundamental foi também a terra para a estrutura econômica do Ocidente medieval, sendo ela fonte de grande riqueza e poder.

O período entre os séculos IV e X foi caracterizado por alguns autores especialistas como uma fase de escassez generalizada: a produção agrícola e artesanal era pequena; a concentração populacional era baixíssima; havia poucos bens de consumo e ainda uma retração do comércio e da circulação monetária.

Relembremos que a alternativa para minorar da crise do Império Romano foi o *colonato*, isto é, uma estrutura em que os grandes proprietários da *vilas* romanas – denominação destas grandes propriedades – arrendaram partes de suas terras a indivíduos das origens mais variadas, que encontraram neste sistema uma forma de sobreviverem materialmente à crise. Isto representou a introdução de relações não escravistas no campo, uma vez que a mão de obra escrava já há muito não entrava no império. Por outro lado, quando os germânicos entraram no Ocidente, pouco a pouco foram se integrando a esta estrutura do *colonato*, pois seus líderes foram se tornando grandes proprietários na medida em que iam se apossando das terras. Deste modo, se organizou no Ocidente progressivamente uma nova estrutura agrária, centrada na grande propriedade, chamada a partir de então de *domínio*, característica da Alta Idade Média.

Os domínios da Igreja, que era já neste momento uma grande proprietária de terras, foram os mais bem conhecidos pela historiografia. Os domínios eclesiásticos tiveram registros escritos precisos de seu funcionamento, de sua organização e de sua exploração, e foi através deles que pudemos conhecer melhor o sistema dominial.

Como se organizou, então, a grande propriedade dominial, fosse de leigos ou da Igreja? Ela se dividia em duas partes: a *reserva senhorial* e as *tenências* ou *mansos*. A reserva senhorial se compunha das terras cultiváveis (correspondia de 20 a 50% do total do domínio); da habitação do proprietário e de sua família; de pequenas oficinas artesanais; de construções como moinhos, lagares, forjas; das terras de uso comum, como pastagens, áreas florestais, bosques, terras incultas. Já as tenências ou mansos eram pequenas parcelas de terra concedidas a camponeses que usufruíam delas em troca de parte dos gêneros que produziam e ainda em troca do trabalho na reserva senhorial, seja cultivando a terra ou executando qualquer outro serviço. Este trabalho compulsório nas terras do senhor chamava-se *corveia*, e vai representar a maior parte da renda do proprietário. Se compararmos com o regime do colonato, é notória uma complexificação desta forma de exploração da terra pela existência desta segunda forma de renda senhorial, a corveia.

Os mansos se constituíram como uma unidade de exploração familiar e fiscal. Foram também diferenciados quanto ao seu estatuto legal em função de seus ocupantes: livres e escravos. Os chamados mansos servis eram cultivados por escravos, tendo por isso maiores obrigações de trabalho junto aos senhores; já os mansos livres, tinham obrigações menos rigorosas. Vemos que os escravos, na prática, mudaram seu *status*. E pelo fato de receberem um manso, o senhor estava desobrigado de mantê-los, tornando-se ainda fonte de renda para o proprietário.

A produção do domínio era para subsistência, baseada no sistema bienal e/ou trienal de cultivo: a terra era dividida em partes, cultivando-se uma delas, enquanto as outras permaneciam em repouso, alternando-se depois uma e outra(s). Isto compensava o baixo nível tecnológico dos instrumentos de produção.

O sistema artesanal do domínio estava voltado para as suas próprias necessidades, havendo pequenas oficinas onde se trabalhavam metais, madeira, couro, pedra, tecidos etc. Uma das formas da corveia devida pelos camponeses era entregar matérias-primas e confeccionar objetos manufaturados.

É preciso enfatizar que esta estrutura do domínio, que genericamente descrevemos, não foi homogênea em todo o Ocidente, tendo caracterizado o centro do Império Carolíngio, entre os rios Loire e Reno. O regime dominial variou em diversas regiões, a exemplo da Lombardia, onde a reserva foi trabalhada fundamentalmente por escravos. E em algumas regiões ele sequer existiu, como foi o caso da Escandinávia e da região do Mar do Norte.

As trocas comerciais no Ocidente da Alta Idade Média foram extremamente limitadas. Embora os domínios tivessem por natureza uma economia fechada, de subsistência, eventualmente, no caso da produção aleatória de algum produto excedente, este era trocado com outro domínio, nas mesmas condições, ou que tivesse algum problema de abastecimento. É equivocada, portanto, a afirmação de que as atividades mercantis desapareceram por completo nesta sociedade ruralizada.

Em certas regiões do Império Carolíngio, o comércio se fez em locais específicos, os chamados *portus*, mercados locais que congregavam mercadores que atuavam regionalmente. Já o comércio local, não exercido por mercadores profissionais, atendia às carências dos camponeses de gêneros de consumo imediato. E, por fim, o comércio de grande porte, internacional, lidava com produtos suntuários, de luxo, como especiarias, perfumes e tecidos oriundos do Oriente, que servia à alta aristocracia leiga e eclesiástica.

Carlos Magno empreendeu uma reforma monetária, tomando para o Estado o monopólio da cunhagem de moedas, uniformizando a prata. Até então, na época em que estava no poder a dinastia dos merovíngios, a cunhagem de moedas era privada, regional, levando a uma imensa diversidade delas. Mas, apesar disso, a moeda como instrumento de troca se restringiu bastante, pois as pilhagens dos grupos invasores nos séculos VIII e IX levaram a um escoamento do ouro do

Ocidente, e, além disso, o ouro que permaneceu foi transformado em objetos de decoração, joias, móveis, objetos de cunho religioso etc.

Leituras complementares

DUBY, G. "O período carolíngio". *Guerreiros e camponeses*. Lisboa: Estampa, 1980.

MENDONÇA, S. *O mundo carolíngio*. São Paulo: Brasiliense, 1982.

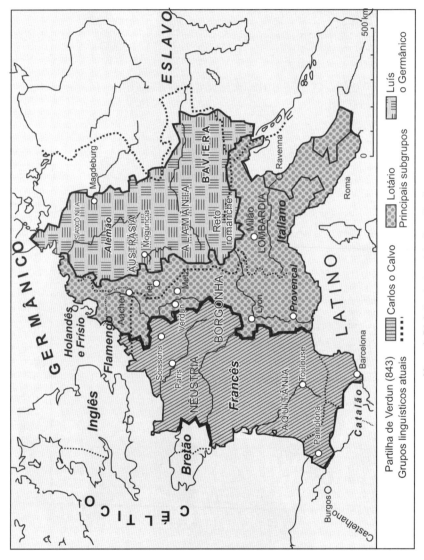

Mapa 1 Divisão do Império Carolíngio.
Fonte: MENDONÇA, S. *O mundo carolíngio*. São Paulo: Brasiliense, 1982, p. 79.

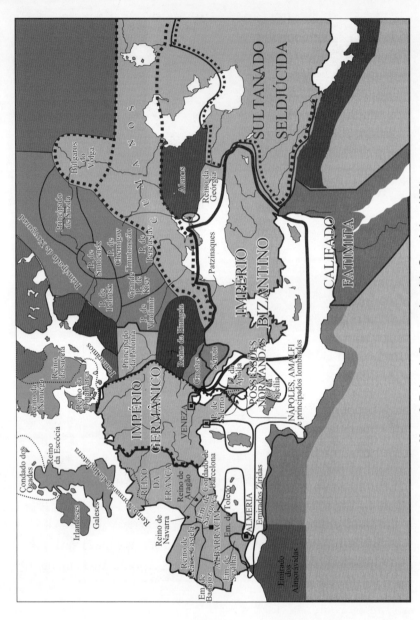

Mapa 2 Reino da França e Império Germânico, 1071.

Fonte: McEVEDY, C. *Atlas de História Medieval*. São Paulo: Verbo, 1990, p. 65.

3
A Igreja na Alta Idade Média

No século V, período em que se inicia nosso estudo, a Igreja já tinha uma longa trajetória. E, por isso, é importante retomar alguns pontos desta história para uma melhor compreensão de sua atuação na Idade Média.

A Igreja foi a única instituição do mundo antigo a sobreviver à crise do Estado Romano. As perseguições sofridas pelas primeiras comunidades cristãs nos dois primeiros séculos fizeram com que elas se organizassem para se defenderem. O modelo foi a própria estrutura administrativa do Império Romano, centralizada, com uma divisão de funções, e já no primeiro século de história do cristianismo temos a seguinte hierarquia:

1) Diáconos – responsáveis pela administração dos bens materiais das comunidades cristãs; eram escolhidos pela comunidade;

2) Padres ou presbíteros – cuidavam da parte espiritual e dos cultos;

3) Bispos – dirigentes máximos das comunidades cristãs; responsáveis pela integridade da doutrina; eram escolhidos pelos diáconos e presbíteros.

A administração eclesiástica estava concentrada nas cidades. A maior unidade administrativa era a *província*, que agrupava várias *dioceses*, regiões que estavam sob a jurisdição do bispo de uma cidade. Os chamados *patriarcas* eram encarregados de governar um conjunto de províncias, e estavam nas cidades mais importantes do império, como Roma, no Ocidente, e ainda Alexandria, Jerusalém, Antioquia e Constantinopla, no Oriente. O título de *Papa* foi dado ao bispo e patriarca de Roma, pois era preciso um poder acima de todos para assegurar a unidade da Igreja.

O Estado Romano, através do Edito de Milão, concedeu finalmente a liberdade de culto ao cristianismo em 313, o que representou uma reorientação da política imperial em relação à Igreja. Dirigentes eclesiásticos foram isentos do pagamento de tributos; terras e dinheiro foram doados à Igreja e templos cristãos foram construídos, além da restauração dos que foram destruídos. Em 380, a decisão do Imperador Teodósio de tornar o cristianismo religião oficial do império, proibindo os cultos pagãos, representou um avanço significativo para o cristianismo. A força da nova religião e o número de adeptos que ela então congregava levou o império a aliar-se a ela. Não nos esqueçamos que o contexto desta época era de crise, geradora de insegurança, instabilidade, e que a mensagem de uma vida melhor, de libertação terrena que o cristianismo oferecia, era um conforto para milhares de indivíduos massacrados pela deterioração econômica, social e política então vivida.

Portanto, se olharmos para a estrutura administrativa e hierárquica que a Igreja construiu até o século V, e ainda considerarmos o que o cristianismo oferecia em termos de crença, é fácil entender como esta instituição sobreviveu praticamente intacta à crise do mundo antigo e teve força o suficiente para fazer valer os seus interesses materiais e espirituais no novo contexto político, social e econômico surgido com a entrada dos povos germânicos no Ocidente.

A Igreja e o mundo germânico

Visto isso, como entender a relação da Igreja com o mundo germânico? Sua missão era difundir o cristianismo a estes povos pagãos ou então já cristianizados, mas adeptos ao arianismo, difundido por pregadores dissidentes da ortodoxia católica. Esta heresia muito preocupou a Igreja, e a tarefa da conversão foi árdua. É preciso lembrar que, neste momento, havia uma disputa entre as Igrejas do Ocidente e

Oriente, arrogando-se o Bispo de Constantinopla como o verdadeiro defensor da fé católica.

A Igreja de Roma, objetivando difundir o cristianismo no meio germânico, empreendeu uma verdadeira Cruzada contra o paganismo e as heresias. Assim, os bispos tiveram um papel fundamental na conversão das elites guerreiras germânicas, promovendo uma evangelização que tinha por estratégia converter primeiramente os chefes, que iriam influenciar os seus subordinados, uma vez que esta sociedade dava um grande valor à fidelidade pessoal entre os homens. Neste sentido, o caso mais notável foi o dos francos, como já vimos em capítulo anterior, quando o primeiro monarca merovíngio, Clóvis, se converteu ao cristianismo. A aliança com esta futura força política foi de suma importância para a formação de uma base para o Bispo de Roma retomar o controle do mundo cristão, disputado com a Igreja do Oriente, liderada pelo Bispo de Constantinopla. Como bem mencionou a autora Sônia Mendonça,

> O lapso do poder imperial na Itália trouxe para o metropolitano de Roma – ou papa – dois outros tipos de problemas. Por um lado, a pressão dos novos reinos instalados na Península Italiana ao longo dos séculos V e VI; por outro, a pretensão dos imperadores bizantinos de reconstituírem a unidade do mundo romano, não hesitando, para isso, em nomearem-se "defensores da fé ortodoxa", com o intuito de salvarem o Ocidente do paganismo e da heresia. Constantinopla era considerada o centro supremo das decisões religiosas, diante da qual a própria Roma devia curvar-se [...]. Para a Igreja, a conversão dos francos significou uma série de vantagens: a aproximação das Igrejas da Gália a Roma; o estabelecimento de um núcleo de irradiação da cultura romana e cristã no Ocidente; o reforço do papel do clero, assim como a consolidação de um suporte político para o papado em sua luta contra Bizâncio"[1].

A Gália foi, portanto, uma região estratégica para a difusão do cristianismo entre as tribos que margeavam as fronteiras do Reino

---

1 MENDONÇA, S. *O mundo carolíngio*. São Paulo: Brasiliense, 1982, p. 50-51.

Franco. Para conseguir este objetivo, o envio de vários missionários foi fundamental. No caso das áreas rurais – em geral pagãs, posto que o cristianismo se expandiu fundamentalmente nas cidades –, houve um aumento das paróquias locais e ainda se destacou a atuação dos *mosteiros*.

Cabe aqui fazermos uma menção ao *movimento monástico*, que nesta época ganhou grande evidência no Ocidente. A palavra *monge* vem do grego, *monakos*, que significa "solitário", indivíduos que viviam isolados habitando grutas, desertos, lugares ermos. O *monasticismo* teve origem no Egito, onde os camponeses se retiravam para o deserto como forma de protesto pelos altos impostos a que estavam submetidos, mas posteriormente esta prática de isolamento ganhou um cunho espiritual, religioso. Alguns indivíduos, descontentes com o afastamento progressivo da Igreja em relação ao cristianismo primitivo, isolavam-se como uma alternativa de melhor servir a Deus. A vida contemplativa, condições difíceis de existência, com alimentação e vestuário extremamente simples, e o flagelo do próprio corpo eram formas, segundo estes homens, de provar a fé e a devoção verdadeira a Deus.

O primeiro a congregar vários deles numa comunidade foi Pacômio, ex-soldado egípcio, em 320, vivendo todos a partir de algumas regras de conduta. Mas foi com Bento de Núrcia (480-547) que surgiu no Ocidente a primeira *ordem monástica* importante, tendo enorme expansão na Europa até o século XII. Este teólogo italiano, depois de passar três anos isolado numa caverna, fundou em 529 o Mosteiro de Monte Cassino, na Itália, organizando a *Ordem dos Beneditinos*, cujas regras básicas eram a oração, o trabalho e os votos de castidade, pobreza e obediência. Ao lado do *clero secular*, esta Ordem teve uma grande importância no alargamento das fronteiras da Cristandade.

Os mosteiros também foram fundamentais para o abrigo da população expropriada pela crise romana, congregando trabalhadores sob a forma de colonos. Do ponto de vista da cultura, os monges preservaram em suas instituições o legado greco-romano, tendo escolas e bibliotecas. Foram os monges copistas, que nos escritórios dos mosteiros, copiavam obras antigas a mão e ilustravam-nas com belíssimas pinturas, chamadas de iluminuras.

Iluminura do Canon Medicinae Beçanson, século XIII.

Os carolíngios e a Igreja

O apoio da Igreja foi determinante para que este grupo conquistasse o poder no Reino Franco, como vimos em capítulo anterior. Consolidaram-se assim, neste período, as relações entre o papado e o império: de um lado, a Igreja garantia sua proteção e ainda se resguardava da entrada de possíveis heresias vindas do Oriente; de outro, o respaldo do poder espiritual seria importantíssimo para os carolíngios, já que a Igreja era instituição forte no Ocidente.

Pepino, o Breve, primeiro monarca carolíngio, como prova de reconhecimento, doou à Igreja grande extensão de terras na Itália Central em 754 – os chamados *Estados Pontifícios* –, e regulamentou o pagamento do dízimo eclesiástico, tornando-o obrigatório sob pena de excomunhão.

Foi, no entanto, no governo de Carlos Magno que estas relações se estreitaram. Além da expansão territorial do império, este monarca promoveu também uma expansão espiritual ao submeter povos praticantes do arianismo e aumentar o número de paróquias, dioceses e arquidioceses. O momento simbólico da coroação de Carlos Magno pelo papa em 800 consagrou a ideia de um *império cristão unificado*, centralizado; império que era político e espiritual, um só Estado e uma só Igreja em perfeita harmonia. O poder real era quase um sacerdócio, responsável pela direção material e espiritual do povo. De acordo com Georges Duby, "ele [Carlos Magno] tinha a missão de ser um intermediário, um intercessor entre Deus e o seu povo, entre a ordem imutável do universo celeste e a perturbação, a miséria e o medo deste mundo"[2].

Coroação de Carlos Magno
Chroniques de France ou de Saint Denis, vol. I, século XIV.

Deste modo, o imperador estava diretamente ligado à vida da Igreja e vice-versa: os clérigos participavam do Conselho Real, o monarca interferia na nomeação dos cargos da Igreja, estava presente nos Sínodos e opinava sobre questões doutrinais, estando estes poderes, o civil e o eclesiástico, imbricados, unidos.

Outro marco do governo carolíngio foi ter promovido uma grande renovação cultural na Europa entre os séculos VIII e IX, conhecida como *Renascimento Carolíngio*. Este processo esteve diretamente relacionado à Igreja, instituição que monopolizava o conhecimento, a educação e as letras na Europa. O sistema de ensino se ampliou, com a criação de escolas preparatórias para a ocupação de cargos administrativos – as "Escolas do Palácio" –, e foram criadas as

---

[2] DUBY, G. *A Europa na Idade Média*. São Paulo: Martins Fontes, 1988, p. 3.

escolas eclesiásticas, voltadas para a formação de futuros clérigos, e escolas paroquiais.

A última parte deste capítulo será dedicada a uma reflexão sobre a espiritualidade que marcou a Alta Idade Média, especialmente no período carolíngio.

Um primeiro ponto importante foi o grande fortalecimento da estrutura hierárquica da Igreja, das práticas doutrinais e disciplinares nas paróquias. Os cultos e ritos tiveram enorme importância para a vivência do cristianismo: a missa; o canto litúrgico; a celebração suntuosa; os ricos vestuários dos clérigos; a leitura do Antigo Testamento – nesta época muito valorizado –; o culto às figuras de anjos e santos, fartamente representados nas igrejas a partir do século VIII; tudo isso levou a que os especialistas qualificassem a época carolíngia de "civilização da liturgia".

Mas, por outro lado, o povo comum distanciava-se mais e mais do culto. A começar pela disposição interna das igrejas, onde o espaço reservado aos fiéis era bem longe do sacerdote, que lhes voltava as costas, rezando a missa toda em latim, língua incompreensível para a imensa maioria da população. Também o rito da Eucaristia se modificou, não sendo mais realizado com o pão fermentado, e sim com hóstias brancas, recebidas apenas nas grandes festas do ciclo litúrgico: Natal, Páscoa e Pentecostes. Dentro desta perspectiva disciplinadora e moralizante, algumas condutas se colocaram como dignas de um bom cristão: abstinência sexual em certos dias do ano, jejum na Quaresma, obrigatoriedade da missa dominical e pagamento do dízimo eclesiástico.

Glossário

Clero regular – Eram religiosos que formavam uma ordem religiosa e viviam em mosteiros em regime de reclusão ou semireclusão.

Clero secular – Eram os sacerdotes que tinham atividades voltadas para o público. Formado pelo papa, cardeais, arcebispos, bispos e padres.

Heresia – Qualquer doutrina contrária ao que foi definido pela Igreja em matéria de fé, ato ou palavra ofensiva à religião.

Leituras complementares

MENDONÇA, S. *O mundo carolíngio*. São Paulo: Brasiliense, 1982.

VAUCHEZ, A. *A espiritualidade na Idade Média Ocidental* – Séculos VIII a XIII. Rio de Janeiro: Zahar, 1995, cap.1: "A gênese da espiritualidade medieval (séculos VIII-início do X).

UNIDADE II

A BAIXA IDADE MÉDIA
(Séculos X a XIV)

4
Os historiadores e o feudalismo

Neste capítulo, o objetivo é estudar um pouco a *historiografia* sobre o feudalismo, analisando algumas das diferentes visões que certos autores tiveram sobre este fenômeno histórico. Vamos conhecer alguns dos mais importantes *medievalistas* – os historiadores que escreveram sobre Idade Média –, e suas respectivas visões sobre este período.

Alguns autores franceses foram muito importantes para o desenvolvimento da historiografia sobre Idade Média. March Bloch foi um deles. Professor na Universidade de Estrasburgo, na cadeira de História Econômica, em 1929 fundou uma importante revista, chamada *Annales*. Durante a ocupação nazista na França, lutou na resistência, mas foi preso pelos alemães e fuzilado em 1944. Dentre seus vários trabalhos de História, citemos *A sociedade feudal*, de 1940. Nesta obra, o autor estuda o período privilegiando as relações de dependência entre os grandes senhores no Ocidente, ou seja, as relações *feudo-vassálicas*, ou relações de *suserania e vassalagem*, que estudaremos no próximo capítulo. Este livro, considerado até hoje como um clássico, analisa detalhadamente a estrutura da nobreza e do poder laico na Europa entre os séculos IX e XII.

Marc Bloch fez uma distinção entre "regime feudal" e "regime senhorial", o primeiro designando as relações vassálicas entre a no-

Marc Bloch

breza feudal, e o segundo significando a autoridade do senhor face aos camponeses em seu domínio, decorrente do enfraquecimento do poder do rei.

Outro historiador importante foi o belga François Ganshof (1895-1980), especializado em História Social e Econômica da Idade Média. Sua obra principal, intitulada *O feudalismo*, de 1944, teve como principal objetivo estudar o feudalismo sob o ponto de vista jurídico, ou seja, analisar os mecanismos que regulavam as obrigações de obediência e serviço estabelecidas entre os nobres – suseranos e vassalos.

George Duby (1919-1996) foi outro medievalista de grande destaque. Em sua extensa obra sobre a Idade Média no Ocidente aborda várias questões, como a economia, a sociedade, as mentalidades e a cultura. Este autor, inspirado pela *Escola dos Annales*, levou adiante uma nova visão de história inaugurada por Marc Bloch e outros. Ao invés da história ser estudada e valorizada a partir dos grandes acontecimentos, da política, dos personagens e das datas, passou a ser tratada a partir de uma rede de correlações, onde o econômico, o político, o social, o cultural, o religioso, o mental, a vida cotidiana etc. vão se interligar e fornecer ao historiador elementos para uma reflexão rica sobre os períodos históricos. Novos temas também passaram a ser estudados a partir desta escola historiográfica. O historiador, a partir de uma questão, de um problema predeterminado, vai então construir e escrever a história. E a época feudal foi um vasto campo para esta nova maneira de se ver a História.

Georges Duby

Gostaríamos de citar uma obra de George Duby, onde podemos ver estas questões de modo um pouco mais nítido, e desvendar ainda muitos aspectos da Idade Média: *Guilherme, o Marechal*, publicada em 1984. A história de Guilherme, nascido em 1145 e morto em 1219, foi contada por Duby num programa de rádio, chamado *Os desconhecidos da História*, e depois, ampliada, virou livro. O livro não se preocupou unicamente em narrar a vida deste personagem, mas sobretudo analisou vários aspectos da sociedade feudal. Guilherme foi regente da Inglaterra, passou muitos anos na França, e foi um típico senhor feudal. Observem o que disse o autor sobre o livro:

> Contava uma história, seguindo o fio de um destino pessoal. Mas continuava atendo-me à história-problema, à história-questão. Minha pergunta continuava sendo a mesma: O que é a sociedade feudal? [...] Observava a carreira excepcional de um indivíduo excepcional [...], pois ele me interessava, mas sobretudo para ser capaz, através dele, através dos numerosíssimos vestígios deixados por sua turbulenta passagem por este mundo, de saber mais, muito mais sobre o cavaleiro comum, sobre a cavalaria [...]. O verdadeiro tema do livro não é Guilherme, mas a cavalaria, seu ideal, os valores que ela afirma respeitar. E também um sistema político, o "feudalismo", pois através desse caso concreto o funcionamento de suas engrenagens pode ser descoberto com muito maior clareza que nos tratados e nas cartas[3].

Jacques Le Goff

Considerado como um dos grandes medievalistas da França, Jacques Le Goff (1924-) foi também uma das maiores figuras da Nova História. Autor de obras fundamentais sobre a Idade Média, trabalhou temas econômicos, sociais, culturais, e na mesma perspectiva histórica de Georges Duby, contribuiu imensamente para os estudos sobre a sociedade feudal na Europa.

Por último, citemos os estudos de medievalistas voltados para uma perspectiva de análise essencialmente econômica do período. Influenciados pelo pensamento do intelectual alemão Karl Marx (1818-1883), pensaram o feudalismo como um modo de produção, a exemplo do autor Perry Anderson, que escreveu o livro *Passagens da antiguidade ao feudalismo*, publicado em 1974.

---

3 DUBY, G. *A história continua*. Rio de Janeiro: Zahar, 1994, p. 138-139.

Nesta linha de pensamento, o autor inglês Maurice Dobb, em sua obra *Do feudalismo ao capitalismo*, escrita em 1977, privilegiou o estudo do feudalismo sob o ponto de vista da luta de classes entre senhores e camponeses, preocupado com a passagem do modo de produção feudal para o capitalista.

Depois destas considerações historiográficas sobre o feudalismo, seria importante fazermos um apanhado geral de alguns processos que vimos até aqui antes de prosseguirmos. Estamos chegando à segunda unidade – a Baixa Idade Média –, onde já temos formado o *feudalismo*. Daqui por diante, nosso objetivo será entender o significado desta nova estrutura que teve lugar na Europa do Ocidente entre os séculos XI e XIV.

Já vimos que o feudalismo se formou ao longo da Alta Idade Média, e agora estamos prontos para compreender suas características gerais, que serão estudadas como fizemos na unidade anterior: por temas específicos. Nunca é demais lembrar também que nosso estudo se limita ao caso francês, pois trabalhar com toda a Europa seria bem difícil no tempo e nas condições impostas por este livro.

Passemos agora à recapitulação, enumerando as características gerais do feudalismo e mostrando como elas se construíram na Alta Idade Média.

1) A economia no feudalismo foi *agrária*, ou seja, a vida econômica girava na sua essência em torno da produção de gêneros alimentícios. Desde a crise do mundo antigo, com o fim do Império Romano, iniciou-se um processo de *ruralização* do Ocidente a partir do século III, havendo um declínio progressivo da vida nas cidades. A alternativa de sobrevivência da população foi o trabalho no campo, inaugurando-se o regime do *colonato*, onde um grande proprietário tinha vários arrendatários, indivíduos que em troca do usufruto de um pedaço de terra davam parte da sua produção ao senhor. Depois, com a chegada dos germanos ao Ocidente, intensificou-se este processo de *ruralização* por conta da presença dos chefes germânicos, que se tornaram grandes proprietários, adotando também o sistema do *colonato*. No

mundo franco, tanto no período da dinastia Merovíngia como na Carolíngia, se desenvolveram e se aprofundaram ainda mais as relações entre os grandes proprietários e os trabalhadores rurais: além da parte de sua produção em gêneros, estes camponeses passaram a trabalhar também nas terras dos proprietários, caracterizando a *corveia*. A produção agrária e a vida no campo se tornaram, então, cada vez mais fundamentais.

2) A sociedade feudal teve como característica uma profunda *dependência pessoal* entre os homens. Desde o início da crise romana no século III, o regime do colonato criou laços de dependência entre senhores e camponeses. E a prática do *comitatus*, comum entre os germânicos, veio para o Ocidente estimulando ainda mais esta dependência pessoal entre os homens. Lembremos que os *comitatus* eram células militares típicas das tribos germânicas em que os chefes lideravam subordinados que lhes deviam uma fidelidade pessoal incondicional. A formação do Reino Franco, como já sabemos, teve como base relações de *vassalagem*, demonstrando a união destas heranças romana e germânica: em troca do apoio político ao rei, expresso num apoio militar, este concedia terras (*beneficium*) aos grandes proprietários, tornados seus vassalos.

3) No feudalismo, o poder do rei foi bastante frágil, ao contrário dos poderes locais dos proprietários. A desestruturação do Império Romano levou o Ocidente a uma fragmentação do poder central, em favor de uma autossuficiência cada vez maior das grandes propriedades, tanto econômica como política. No caso dos francos, apesar das tentativas de centralização, particularmente no período de Carlos Magno, não foi possível sustentar um poder centralizado, uma vez que a base deste poder era a vassalagem. Como disse o autor Hilário Franco Júnior, se referindo ao período último dos carolíngios, em que o império foi dividido entre os netos de Carlos Magno após meados do século IX,

cada vez mais, então, mesmo as funções públicas passaram a ser vistas como benefícios. Assim, os reis perdiam sua faculdade de nomear e destituir seus representantes provinciais (condes, duques, marqueses), cujos cargos tornavam-se bens pessoais e hereditários. Em suma, ocorria um recuo das instituições públicas, ou melhor, sua apropriação por parte de indivíduos que detinham grandes extensões de terras e nelas exerciam em proveito próprio atribuições anteriormente da alçada do Estado[4].

4) O cristianismo e a Igreja tiveram um papel fundamental nas estruturas mentais do homem medieval. Como vimos, a Igreja aliou-se ao reino franco, refletindo uma cristianização da sociedade, processo que não parou de crescer. A evangelização dos povos germânicos foi bem-sucedida, e a Igreja tornou-se uma grande proprietária no Ocidente, tendo vassalos, colonos e escravos, e, no século IX, suas terras compunham a terça parte das terras cultiváveis da Europa católica.

Principais obras de Georges Duby:

A Europa na Idade Média. São Paulo: Martins Fontes, 1988.

A história continua. Rio de Janeiro: Zahar/UFRJ, 1993.

A Idade Média na França, 987-1460: de Hugo Capeto a Joana D'Arc. Rio de Janeiro: Zahar, 1992.

A sociedade cavaleiresca. São Paulo: Martins Fontes, 1989.

Adolescence de la chrétienté occidentale, 980-1140. Genebra: Albert Skira, 1967.

As três ordens ou o imaginário no feudalismo. Lisboa: Estampa, 1982.

Guilherme Marechal, ou o melhor cavaleiro do mundo. Rio de Janeiro: Graal, 1988.

---

4 FRANCO JÚNIOR, H. *O feudalismo*. São Paulo: Brasiliense, 1983, p. 16-17.

Guerreiros e camponeses: os primórdios do crescimento econômico europeu do século VIII ao século XII. Lisboa: Estampa, 1980.

Histoire de la civilisation française. Paris: Armand Colin, 1958.

Hommes et structures du Moyen Âge. Paris: [s.e.], 1973 [Seleção de artigos].

Idade Média, idade dos homens: do amor e outros ensaios. São Paulo: Cia. das Letras, 1990.

O ano mil. Lisboa: Ed. 70, 1986.

O cavaleiro, a mulher e o padre. Lisboa: Dom Quixote, [s.d.].

O domingo de Bouvines. Rio de Janeiro: Paz e Terra, 1993.

O tempo das catedrais: arte e sociedade, 980-1420. Lisboa: Estampa, 1979.

São Bernardo e a arte cisterciense. São Paulo: Martins Fontes, 1990.

Senhores e camponeses. São Paulo: Martins Fontes, 1990.

Leituras complementares

FRANCO JÚNIOR, H. *O feudalismo*. São Paulo: Brasiliense, 1983, p. 7-28.

GUERREAU, A. *O feudalismo* – Um horizonte teórico. Lisboa: Ed. 70, 1980, p. 87-136.

5
A sociedade feudal

Quando falamos em sociedade feudal nos vem logo à mente uma definição que encontramos frequentemente em muitos livros didáticos: uma sociedade onde uns rezam, uns guerreiam e outros trabalham. A autoria desta frase é de um arcebispo de Lyon, chamado Agobardo, que viveu no século IX. Esta ideia define o que a Igreja pensava desta sociedade: os homens formavam um só povo de Deus, que os criou e os colocou cada um no seu devido lugar – clérigos, guerreiros e camponeses –, com uma função determinada. Era a ordem estabelecida por Deus, daí a palavra latina *ordo*, ordem, que exprimia a impossibilidade de mudança social. Observem a figura a seguir, uma ilustração do manuscrito *Cantigas de Santa Maria* – conjunto de 27 composições escritas no século XII –, onde as três ordens estão reverenciando a Virgem Maria. Esta sociedade de ordens é bastante complexa, e vamos estudá-la aos poucos.

Neste capítulo, iremos analisar a nobreza feudal na Baixa Idade Média. E na medida em que formos avançando nosso estudo sobre outros temas, como a economia feudal e a Igreja, iremos trabalhar com as outras categorias sociais – os camponeses, os comerciantes e os clérigos.

Lembremos que no século XI os poderes locais dos grandes proprietários no Ocidente cristão já estavam bem sólidos. Herdeiros da alta aristocracia carolíngia, eles eram praticamente autossuficientes.

As três ordens
Manuscrito Cantigas de Santa Maria, século XIII.

O poder do rei, por outro lado, se enfraqueceu bastante com a divisão do Império Carolíngio e com a segunda leva de invasões de povos estrangeiros, como já vimos. Assim, as relações de *vassalagem* a partir do período feudal foram firmadas entre os grandes proprietários, e não mais entre o rei franco e os grandes proprietários, como na Alta Idade Média. Esta relação de dependência que se estabeleceu entre a nobreza foi chamada pela historiografia de *relações feudo-vassálicas* ou *relações de suserania e vassalagem*.

Como no tempo dos carolíngios, o que estava em jogo eram interesses mútuos, permeados pela fidelidade pessoal. O senhor mais rico – nesta condição chamado de *suserano* – concedia terras a um outro senhor menos abastado, que em troca lhe rendia uma série de obrigações, sendo a mais importante o serviço militar, se tornando assim seu *vassalo*. Portanto, aquele que concedia a terra se chamava "suserano", e o que a recebia denominava-se "vassalo". No entanto, um vassalo poderia ser suserano de outro nobre quando ele firmava esta dependência com um nobre menos abastado. Assim, se formou no Ocidente uma rede de indivíduos dependentes entre si, uns suseranos, outros vassalos, que eram por sua vez suseranos de outros e assim sucessivamente.

Um suserano podia ter vários vassalos, e os maiores suseranos eram os proprietários mais prósperos. O rei também era um grande suserano – o maior deles –, reunindo em torno de si inúmeros vassalos. Prática bastante comum no Ocidente foi a vassalidade múltipla, ou seja, situação em que um vassalo tinha vários suseranos. Exemplo disso nos deu Marc Bloch, em seu livro *A sociedade feudal*, escrevendo sobre o Conde de Falkenstein, na Baviera, que no século XII era vassalo de 20 suseranos.

Estes homens ficavam dependentes uns dos outros mediante uma importante cerimônia, uma espécie de "rito de passagem". O acordo era firmado sob a forma de um contrato, estabelecido neste momento solene, quase teatral, realizado na casa do futuro suserano ou numa igreja. O primeiro momento do rito se chamava *Homenagem*: o vassalo se ajoelhava, com sua cabeça descoberta, sem armas, com as mãos juntas, prontas para serem acolhidas pelo suserano, que o aceitava a partir daquele momento. Seguia-se depois o *Juramento de Fidelidade*, prestado de pé, em cima do Evangelho ou de um relicário. De novo Marc Bloch exemplificou este momento citando o caso de um vassalo francês, que em 1236 jurou fidelidade ao seu senhor dizendo: "tu ouves, senhor, que levarei a minha fidelidade quanto à tua vida e aos teus membros, quanto ao teu corpo e aos teus bens e à tua honra deste mundo, assim me ajudem Deus e estas santas relíquias". É fácil notarmos por este pequeno trecho o grau de fidelidade e dependência que irá marcar as relações entre suseranos e vassalos.

O historiador Marc Bloch escreveu que "o feudalismo originou uma sociedade em que o indivíduo não pertencia a si próprio e que os laços de fidelidade eram maiores que o de sangue". Esta frase nos diz muita coisa a respeito das características desta sociedade, sendo a fidelidade pessoal extremamente importante, mais até do que os laços familiares.

Num outro momento da cerimônia, o suserano entregava ao vassalo um objeto que iria simbolizar a terra concedida, podendo ser uma espada, um estandarte, um anel, uma faca, um punhado de terra, uma bandeira ou uma lança. Isto era a *Investidura*, momento em que o vassalo era "investido" na terra. Finalmente, um beijo – o *Osculum* – selava a união, prática bastante comum na França.

Esta ritualística, portanto, vai estabelecer o poder de um nobre sobre outro, determinando obrigações de ambas as partes. O suserano concedia a terra, que na Baixa Idade Média terá a designação de *feudo*. A origem deste termo vem de *feos*, palavra que aparece nos documentos em inícios do século X na França, significando *bens móveis concedidos*, como armas, cavalos, gêneros, vestimen-

A homenagem feudal

Carlos, Duque d'Orleães, recebe homenagem de um vassalo

Feudo
Livro de Horas do Duque de Berry, século XV.

tas etc. Ao longo do tempo, o termo foi sendo usado somente como remuneração, daí ter sido associado à terra concedida ao vassalo pelo suserano. Portanto, o suserano concedia um *feudo* ao vassalo. Mas *feudo*, no sentido desta concessão entre nobres, podia ser também um pedágio, uma pensão fixa em dinheiro, um cargo, e não apenas a propriedade territorial. O feudo era hereditário, embora o filho do vassalo morto devesse refazer toda a cerimônia de homenagem e fidelidade para se tornar, a partir daí, vassalo do suserano de seu pai. Era preciso refazer o contrato.

Em troca do feudo, o vassalo tinha as seguintes obrigações:
1) Serviço militar – era seu dever mais importante, ou pessoalmente, ou com o seu próprio grupo de vassalos, ajudando seu suserano nos conflitos armados, fazer uma escolta ou até fazer sua guarda pessoal em algum de seus castelos. Este apoio militar era limitado a 40 dias por ano;
2) Obrigações pecuniárias – se caso o suserano fosse capturado, cabia aos seus vassalos o pagamento de um resgate; o vassalo devia ajudar nas despesas quando o filho mais velho de seu suserano fosse treinado para se tornar um cavaleiro e/ou quando a filha de seu suserano fosse se casar;
3) Conselho – o suserano podia convocar seus vassalos a compor um conselho consultivo acerca de questões as mais variadas.

A nobreza feudal no Ocidente era diversificada, não sendo uma camada de iguais. Havia diferenças de fortuna, de poder e de prestígio. Existiam aqueles nobres mais ricos – os maiores suseranos –, descendentes dos condes, duques e marqueses carolíngios, com um grande número de vassalos. Existiam também pequenos proprietários de fortuna modesta, que nem tinham vassalos, e, por fim, aqueles que nem terras possuíam, embora de origem nobre, mas vivendo na casa de seu senhor servindo-o e tendo ganhado como feudo justamente este abrigo.

No conjunto destes nobres, destacaram-se os *cavaleiros*. Já falamos que o século X foi um momento difícil, estando o poder real esfacelado e os invasores normandos e magiares ameaçando as fronteiras do Império Carolíngio. O castelo foi a fortaleza que permitiu a defesa, agora ao encargo de cada um dos senhores, cada vez mais independentes. Ao lado deles, surgiram homens especialistas no manejo das armas, os *cavaleiros*, com um papel decisivo neste momento.

Os cavaleiros tinham as origens mais diversas, desde descendentes da alta nobreza carolíngia, até vassalos menos afortunados. Desde jovens, aprendiam seu ofício, sendo treinados pelo suserano de seu pai. Depois de certo tempo, eram consagrados e ordenados em sua função, tendo sua espada abençoada. Sua vida era regida por um código de honra, de ética, onde os valores da lealdade, generosidade e solidariedade eram fundamentais. A coragem era uma virtude essencial à cavalaria. No livro *Guilherme, o Marechal*, escrito por Georges Duby, aquele famoso medievalista de quem falamos em capítulo precedente, destacou bem este aspecto nas aventuras vividas por seu personagem:

Castelo Bodiam, Inglaterra, século XV.

> Aquele que é valente só procura a proteção na destreza do seu cavalo, na qualidade de sua armadura e na dedicação dos camaradas da sua condição cuja amizade o sustenta. A honra obriga-o a mostrar-se intrépido até a loucura. Os companheiros de Guilherme acabaram por o repreender fraternalmente por causa desta temeridade diante das muralhas de Montmirail, durante as guerras do Maine: excedia-se[5].

---

5 DUBY, G. *Guilherme, o Marechal* – O maior cavaleiro do mundo. Lisboa: Gradiva, 1994, p. 77.

Cavaleiro medieval
Codex Manesse, século XIV.

Torneio medieval
Codex Manesse, século XIV.

A guerra era a razão de ser desta categoria social. Diria Marc Bloch que ela põe

> [...] alegria no coração dos homens, para os quais a audácia e o desprezo da morte são, de algum modo, valores profissionais [...]. Habituado a não temer o perigo, o cavaleiro encontrava na guerra um outro encanto ainda: remédio contra o tédio. Pois para os homens cuja cultura, durante longo tempo, permaneceu rudimentar e que – excetuando alguns altos barões e os que os rodeavam – não estavam ocupados com pesados cuidados de administração, a vida corria facilmente numa cinzenta monotonia. Assim nasceu uma vontade de diversões que, quando o solo natal não lhe oferecia alimento suficiente, procurava a sua satisfação em terras longínquas[6].

A violência do mundo feudal impunha um alerta permanente. As terras eram poucas, daí os conflitos serem frequentes. Também o poder de cada homem estava ligado ao número de vassalos que ele possuía, só conseguidos com a concessão de um feudo, expresso na imensa maioria dos casos na concessão de um pedaço de terra.

Além da guerra, a nobreza vivia para desfrutar da pilhagem, de banquetes, da caça, torneios, jogos, festas, cortejos às damas, tudo isso, signo de honra, de privilégio, de *status* social, marcas inequívocas desta parcela da sociedade feudal.

---

6 BLOCH, M. *A sociedade feudal*. Lisboa: Ed. 70, 1982, p. 326-327.

Leituras complementares

BLOCH, M. *A sociedade feudal*. Lisboa: Ed. 70, 1982.

DUBY, G. *Guilherme Marechal, ou o melhor cavaleiro do mundo*. Rio de Janeiro: Graal, 1988.

6

As monarquias feudais

Neste capítulo, vamos discutir uma questão bastante interessante: a organização política na Baixa Idade Média, que para muitos historiadores foi denominada de *monarquias feudais*. Mais adiante vamos entender bem o que significa este termo.

Primeiramente, gostaríamos de marcar três momentos da história política da França na Baixa Idade Média, região que privilegiamos estudar:

a) Séculos X e XI – marcados pela *dispersão* total do poder do monarca e pelo fortalecimento dos poderes locais dos grandes senhores.

b) Séculos XII e XIII – período de fortalecimento do poder do rei, mas com base nas estruturas feudais.

c) Século XIV – neste século, as bases políticas para a formação do Estado Absolutista centralizado já estavam firmadas, apesar da crise do feudalismo neste período.

Voltemos ao momento em que o Império Carolíngio entrou numa profunda crise. Já sabemos as razões desta decadência, estudada em capítulo anterior: a estrutura da vassalagem, em que o monarca perdia o poder político e territorial para o vassalo quando concedia o *beneficium* (terra), que num dado momento passou a ser hereditário; o gigantismo territorial do Império, cada vez mais difícil de se administrar (Mapa 1), e a nova onda de invasões no século IX. Estas foram as causas gerais da crise do Reino franco-carolíngio.

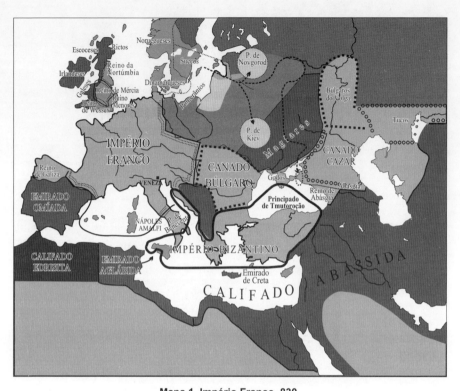

Mapa 1 Império Franco, 830.
Fonte: McEVEDY, C. *Atlas de História Medieval*. São Paulo: Verbo, 1990, p. 51.

Em 843, através do Tratado de Verdun, o império foi dividido entre os netos de Carlos Magno, filhos de Luís, o Piedoso. A Carlos, o Calvo, coube a parte ocidental do império, futuro Reino da França; a Luís, o Germânico, coube a parte oriental, que se constituiu como o Reino Germânico, com grande destaque na Baixa Idade Média. E por fim a Lotário coube a região intermediária do império, uma espécie de "corredor", que ia do Mar do Norte até o sul da Itália. Com sua morte, fragmentou-se e foi incorporado ao Reino Germânico.

O século X no Reino da França foi bastante confuso e atribulado. Os últimos monarcas carolíngios lutaram em vão contra os invasores, até que um dos netos de Roberto, o Forte, Conde de Paris, *Hugo Capeto*, assumiu o poder dando início a uma outra dinastia que governou a França por quatro séculos: os *capetíngios*. Este primeiro monarca francês, um rico e poderoso nobre, governou de 987 até 996, tornando Paris a principal cidade do reino.

O século XI foi um período de grande descentralização. O rei era na verdade um poderoso suserano. Seu poder era simbólico, limitando-se aos seus vassalos e sua família, e o Reino estava dividido em grandes ducados e condados praticamente independentes. Mas, a partir de meados do século XII, esta conjuntura mudou. O poder real foi se fortalecendo progressivamente, inaugurando um momento político que a historiografia chamou de *monarquias feudais*. A estrutura política do Reino da França caminhou para uma lenta centralização do poder, mas com base numa estrutura feudal. Quais elementos que vão nos indicar um caminho para a centralização política?

Comecemos destacando a atuação do Rei Luís VI (1108-1137), que passou a exigir a cerimônia de Homenagem e a fidelidade de *todos* os grandes senhores a ele, tornando-se estes seus *vassalos indiretos*. Não recebiam feudo, mas estavam subordinados ao rei, legitimando seu poder. Iniciava-se no Reino da França uma estratégia de submissão dos senhores feudais ao rei, havendo assim uma fusão entre a suserania e a soberania. Ou seja, o soberano era o maior dos suseranos, com todos os senhores do reino devendo-lhe fidelidade e reconhecendo seu poder.

Em finais do século XII, já com outros monarcas que sucederam Luís VI o poder real também foi reforçado com a ampliação progressiva dos domínios reais com a compra de terras pelo rei; com a retomada de muitos feudos por sucessões sem herdeiros – pois no direito feudal a herança da terra cabia somente ao filho mais velho –, e ainda pelo confisco de feudos de vassalos rebeldes. Vamos observar, assim, um aumento do território do rei.

A partir de Felipe Augusto (1180-1223), consagrou-se o caráter *feudal* da monarquia com as seguintes medidas:

a) Fixação por escrito das obrigações dos vassalos.

b) Ampliação do número de vassalos subordinados diretamente ao rei.

c) Consolidação do Conselho de vassalos, que resolvia questões várias, como desacordos entre senhores etc.

d) Organização de um sistema tributário, com impostos devidos por todos.

e) Organização de um exército nacional, real, permanente, para além dos vassalos reais que compunham a milícia do monarca.

f) Criação dos *bailios*, funcionários nomeados pelo rei para cuidar da aplicação das leis e editos reais, julgar processos e cuidar de questões fiscais.

g) Incorporação de novos territórios, conseguida após algumas vitórias contra os monarcas ingleses (Mapa 2).

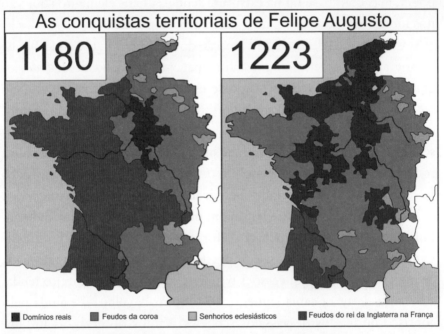

Mapa 2 Conquistas territoriais de Felipe Augusto
Fonte: http://pt.wikipedia.org/wiki/Filipe_II_de_Fran%C3%A7a

Coroação e sagração de Felipe Augusto
Grandes Chroniques de France, século XV.

Seu sucessor, o Rei Luís IX (1226-1270), deu continuidade à sua obra, tendo sido em seu governo o ápice do feudalismo. Este monarca criou uma moeda real padronizada, contribuindo para o desenvolvimento do comércio – que neste período já se consolidara no Ocidente, como estudaremos adiante, e organizou tribunais judiciários reais, centralizando a justiça. Uma corte foi criada em Paris, o Parlamento de Paris, sendo este a jurisdição máxima. Também anexou mais territórios e limitou as guerras entre privadas entre os nobres. Morreu heroicamente comandando uma Cruzada e foi canonizado.

Vejam o que o medievalista Jacques Le Goff comenta, em sua biografia sobre Luís IX:

> É com São Luís que as prerrogativas da *suserania*, atribuída ao rei como cabeça da pirâmide feudal das homenagens e dos feudos, mais se aproximam daquilo que os juristas tratando de direito romano e os historiadores modernos chamam de *soberania*. O rei multiplica o número dos senhores que lhe são diretamente ligados por *hommage-lige*. Assim, quando, durante a Cruzada, Joinville, que não era até então mais nada do que vassalo de vassalo do rei, tendo perdido tudo que lhe pertencia, recebeu uma subvenção regular do rei (*feudo rendimento* ou *feudo de bolsa*), torna-se seu *homme-lige*. Só o rei não pode ser vassalo de ninguém[7].

Foi com Felipe IV, o Belo (1285-1314), que se deu o apogeu da Dinastia dos Capetos. Os domínios reais continuaram se ampliando, a exemplo da anexação da região da Champanha, onde aconteciam as feiras comerciais concentrando mercadorias das mais diversas regiões. As bases teóricas da monarquia foram fortalecidas por estudiosos do

---

7 LE GOFF, J. *São Luís*. Rio de Janeiro: Record, 1999, p. 599.

Direito Romano, combatendo as ideias de superioridade do papado em relação ao império.

A história política da França na Baixa Idade Média está intimamente relacionada à história da Inglaterra. Na primeira metade do século XI, o que conhecemos hoje como Inglaterra estava nas mãos do Império da Dinamarca, situação resultante da horda de invasões no século IX. Após a morte do rei dinamarquês, os anglo-saxões recuperaram a Coroa e colocaram-na na cabeça de Eduardo, governando entre 1042 e 1066. Este monarca tinha como vassalos vários senhores da região da Normandia, na França. Após sua morte, a Coroa voltou às mãos da Dinamarca, mas um dos poderosos vassalos de Eduardo, que seria seu sucessor, chamado Guilherme, o Conquistador, inconformado, invadiu a Inglaterra. Iniciou-se, a partir daí, o processo de feudalização da região, mas com perfil bem distinto da França.

A feudalização da Inglaterra se fez a partir da autoridade real, sendo uma feudalização centralizada. Este foi um exemplo bem curioso de monarquia feudal. Guilherme reservou a maior parte das terras para a monarquia e dividiu o restante do território em vários feudos, concedidos aos seus seguidores. Estes se tornaram vassalos reais, devendo juramento de fidelidade ao rei.

No século XII, uma das famílias mais ricas e poderosas da França, oriunda da Normandia, ascendeu ao trono inglês em 1154, os *plantagenetas*, reinando na Inglaterra por dois séculos e meio. Originários do Condado de Anjou, chegaram ao poder através do casamento de Godofredo, Conde de Anjou, com Matilde de Inglaterra, herdeira do Rei Henrique I (1100-1135). O filho de ambos, Henrique II (1154-1189), inaugurou a dinastia, marcando o fim dos normandos no poder.

Esta situação de parte da França estar sob o domínio inglês levou a vários conflitos entre os dois reinos, conflitos estes ligados à posse de territórios e à manutenção de privilégios feudais, que se estenderam até o fim da Idade Média.

O poder real na França estava ligado à ideia de *sagração*. O rei, quando sagrado, através de uma cerimônia, recebia, na mentalidade da época, poderes sobrenaturais. E também se estabelecia uma grande proximidade e uma relação direta com Deus, inclusive com o poder de curar pelo toque algumas moléstias em certas ocasiões festivas. O ritual da sagração compunha-se de várias etapas: a unção do rei com óleo sagrado pelo arcebispo; a entrega das insígnias reais (túnica, anel, cetro e símbolo do poder sagrado) e finalmente a coroação. Este momento foi o símbolo daquela antiga união entre o papado e as forças políticas no Ocidente.

Chegamos agora, finalmente, ao Reino Germânico. Alguns duques da Baviera conseguiram deter os invasores húngaros e manter a integridade da região, e, oficialmente, o Reino se constituiu em 936, com o governo de Oto I, fundador da Dinastia dos Otônidas. Este monarca não só derrotou os húngaros em 955, como também expandiu o território, anexando a Itália. Em 962, foi coroado pelo papa, e, de sua sagração como imperador, surgiu o Sacro Império Romano-germânico, que teve importante significado na Baixa Idade Média, durando até 1806 (Mapa 3).

Esta porção oriental do antigo Império Carolíngio herdou o título imperial, na tentativa de reviver o esplendor do Império Romano, retomando a ideia de um Império unificado, cristão, centralizado. Seu líder se intitulava *Imperator Augustus*, designação característica do antigo Império Romano.

Esta liderança política tinha também um lado religioso, pois, tal como Carlos Magno, o imperador deveria proteger a Igreja. Mas Oto I passou a intervir na estrutura eclesiástica, fundando bispados e abadias, e seus titulares recebiam dele tanto o poder religioso (anel e cruz) quanto o político (báculo, o instrumento que lembra o cajado de São Pedro e simboliza o poder temporal do bispo sobre os fiéis). Esses senhores religiosos eram o sustentáculo do império, pois forneciam a maior parte dos guerreiros e dos impostos. Observa-se aí, portanto, uma subserviência do poder da Igreja em relação ao poder do império. O relacionamento preciso entre as funções temporal e religiosa do título nunca ficou muito claro, e causou conflitos sérios entre os duques germânicos e o papa, como, por exemplo, na Questão das Investiduras no século XI, que estudaremos mais tarde.

Mapa 3 Império Germânico

Fonte: McEVEDY, C. *Atlas de História Medieval*. São Paulo: Verbo, 1990, p. 57.

Leituras complementares

DUBY, G. *A Idade Média na França*. Rio de Janeiro: Zahar, 1992.

FRANCO JÚNIOR, H. *A Idade Média* – Nascimento do Ocidente. São Paulo: Brasiliense, 1988, p. 49-66

LE GOFF, J. *São Luís.* Rio de Janeiro: Record, 1999, p. 735-736.

7
Crescimento demográfico e estrutura agrária no Ocidente Medieval

O crescimento da população a partir do século X marcou a economia no Ocidente. A população europeia ocidental passou de 18 milhões de pessoas no ano 800 para 22 milhões em torno do ano 1000, e a partir daí não parou de crescer: 45 milhões em 1050, 50 em 1150, 60 em 1200 e 75 milhões em 1300. Quais razões levaram a este aumento populacional?

Em primeiro lugar, a melhoria da qualidade de vida da população. Isto porque houve um grande *crescimento da produção de gêneros alimentícios*, fazendo com que as pessoas se alimentassem mais adequadamente e tivessem melhor saúde e expectativa de vida. Então, o número de nascimentos e a capacidade de sobrevivência das crianças também cresceram, ao mesmo tempo em que a mortalidade diminuiu. Este desenvolvimento da agricultura e da produção aconteceu em função das seguintes condições:

1) *Desenvolvimento das técnicas no campo*, como por exemplo a mudança no modo de atrelar os cavalos e bois, fazendo com que sua força fosse mais bem aproveitada no trabalho; o uso de um novo tipo de arado com ferro – chamado de *charrua* –, que revolvia a terra de maneira mais profunda e eficiente, aumentando sua fertilidade; e finalmente, a terra passou a ser cultivada dividindo-se o campo em três partes, utilizando cada uma alternadamen-

te, sob a forma de um rodízio, poupando as partes que ficavam em descanso e preservando sua capacidade produtiva. Este método foi chamado de sistema trienal de cultivo. Isto promoveu uma diversidade dos gêneros cultivados e, consequentemente, da dieta da população.

2) *Aumento das terras cultiváveis* pelo sistema de *arroteamento* dos campos, ou seja, houve a ocupação de florestas, terrenos baldios, pântanos etc., para o plantio, que até então não eram usados para este fim.

3) *Alterações climáticas* que a Europa vinha sofrendo desde o século VIII, passando para um clima mais seco e temperado. Assim, regiões que eram desertas, não cultiváveis, passaram a produzir e a ser habitadas.

Um segundo aspecto que levou ao aumento da população europeia foi a *diminuição de surtos epidêmicos* de malária e peste, comuns na Alta Idade Média, provocando elevadas taxas de mortalidade. O clima mais quente dificultou a difusão destas doenças, que se alastravam rapidamente em temperaturas frias e úmidas, e também as melhores condições físicas da população, melhor alimentada, criaram uma resistência natural.

Finalmente, um último fator que podemos considerar foi o tipo de guerra que caracterizou a época feudal. A mortalidade na guerra feudal era bem baixa, pois não havia grandes tropas e legiões de soldados, os conflitos eram em sua maioria locais e de pequeno efeito destruidor. Como vimos em capítulo anterior, nos conflitos entre os nobres a captura do inimigo é que valia a pena, e não sua morte, por conta do pagamento do resgate, função dos vassalos do senhor feito prisioneiro. Além disso, o serviço militar dos vassalos se restringia a 40 dias ao ano, de acordo com as obrigações devidas ao suserano.

A estrutura agrária no Ocidente medieval

No feudalismo clássico francês, objeto de nosso estudo, a grande propriedade que conhecíamos do tempo dos carolíngios, chamada de *domínio*, vai mudar de nome: ela vai passar a se chamar *senhorio*. Isto não foi à toa. O tipo de aproveitamento da terra e as relações que vão se estabelecer em torno dela vão se modificar, daí a mudança de denominação.

Esta grande propriedade feudal, o senhorio, foi estudada pelos historiadores a partir dos documentos relativos às terras da Igreja. Portanto, os estabelecimentos religiosos, os senhorios da Igreja, é que nos vão possibilitar o conhecimento desta estrutura: eles foram os mais conhecidos, os melhores organizados e os que tinham registros escritos, pois já sabemos que a Igreja tinha o domínio da cultura na Idade Média.

Mas, em que consistiu a estrutura do senhorio ou do *regime senhorial*? Do mesmo modo que o domínio carolíngio, este era composto pela *reserva senhorial*, pelas *tenências* ou *mansos* e terras comunais.

A *reserva senhorial* correspondia a cerca de 30 a 40% da extensão da propriedade, e nela estava o castelo do senhor, construções como moinho, o lagar etc., e suas terras cultiváveis. As *tenências* ou *mansos* eram as parcelas cultivadas pelos camponeses e suas famílias para subsistência, ocupando 50% do senhorio. Elas foram divididas em três partes (sistema trienal de cultivo), tais quais eram as terras cultiváveis do senhor. Finalmente, as *terras de uso comum* eram as florestas, bosques, rios etc., que acabavam por integrar a reserva do senhor, utilizada para pasto, extração de madeira, coleta de frutos e para caça.

Iluminura representando o castelo senhorial e a reserva
Livro de Horas do Duque de Berry, século XV.

E a *renda* ou ganhos recebidos pelo proprietário, recebidos em moeda e/ou em gêneros alimentícios, devidos pelos camponeses? Como se organizou no regime salarial?

Permaneciam as prestações fixas – o *censo* –, em pagamento pelo usufruto da terra, feito predominantemente em gêneros alimentícios cultivados nos mansos, mas também era em gado e dinheiro, sobretudo após o século XIII. Também foi mantido o trabalho na reserva senhorial alguns dias na semana, seja no campo ou em outros serviços necessários ao cotidiano do senhorio. Era a *corveia*, que se nos tempos dos carolíngios tinha uma grande importância, agora, no feudalismo, nem tanto. Com a melhoria do nível técnico da agricultura, houve menor necessidade de mão de obra. A corveia, como um trabalho braçal, diminuiu, e passou a ser fornecida a partir dos animais de tração, do uso das charruas ou do pagamento em dinheiro.

Mas a principal fonte de renda do senhor feudal foi, sem dúvida, o conjunto de taxas e tributos que o camponês lhe devia. O historiador George Duby nos fala que os senhores exerciam um poder de *bannun*, ou seja, um poder de comandar, exercer justiça, castigar e tributar os habitantes do senhorio. A isto se deu o nome de *senhorio banal*, que rendeu aos proprietários muita riqueza. Lembremos que, como o poder do rei era fraco, os grandes proprietários passaram a exercer poderes políticos.

No século XI, os primeiros rendimentos vieram das multas judiciais, depois se estendendo para o pagamento pelo uso do moinho, do forno e dos lagares; o pagamento da *mão-morta*, quando um camponês sucedia seu pai na posse do manso; na *formarriage*, quando o camponês se casava com alguém de fora de seu senhorio; a *albergagem*, isto é, a entrega de gêneros pelas taxas de proteção e policiamento; e o dízimo eclesiástico. A partir do século XII, este sistema fiscal se aperfeiçoou, havendo a cobrança sobre a circulação de mercadorias dentro das aldeias e fora delas.

A administração dos grandes senhorios era tarefa de um funcionário específico, que tinha por função manter a ordem, a paz, a justiça e cobrar estes impostos.

Imaginemos, portanto, as duríssimas condições de vida dos camponeses. Estava consagrada a *servidão* na Europa do Ocidente. Os *servos* tinham uma dependência dos senhores que vinha da época carolíngia. Eles se originavam dos antigos escravos tornados colonos, mas que ainda permaneciam naquela condição, e ainda nos homens livres, que se puseram na dependência de um grande proprietário por questões de sobrevivência. E isto foi se enraizando no Ocidente Europeu.

Ligados à terra, que não podiam abandonar, os servos transmitiam sua condição aos seus filhos, sendo a servidão hereditária. Disseminou-se na Europa no século X e tornou-se a forma predominante de organização do trabalho agrário europeu durante toda a Idade Média. A *sociedade feudal*, como já vimos, era vista pela Igreja como uma sociedade fechada, sem mobilidade, sem possibilidades de mudança de condição. E os servos estavam na base desta sociedade, sustentando a economia, como os mais explorados. Quem representou bem este pensamento foi o Bispo Adalberto de Laon no século XI:

> O domínio da fé é uno, mas há um triplo estatuto na Ordem. A lei humana impõe duas condições: o nobre e o servo não estão submetidos ao mesmo regime. Os guerreiros são protetores das igrejas. Eles defendem os poderosos e os fracos, protegem todo mundo, inclusive a si próprios. Os servos, por sua vez, têm outra condição. Esta raça de infelizes não tem nada sem sofrimento. Quem poderia reconstituir o esforço dos servos, o curso de sua vida e seus inumeráveis trabalhos? Fornecer a todos alimento e vestimenta: eis a função do servo. Nenhum homem livre pode viver sem eles. Quando um trabalho se apresenta e é preciso encher a despensa, o rei e os bispos parecem se colocar sob a dependência de seus servos. O senhor é alimentado pelo servo que ele diz alimentar. Não há fim ao lamento e às lágrimas dos servos. A casa de Deus que parece uma é portanto tripla: uns rezam, outros combatem e outros trabalham. Todos os três formam um conjunto e não se separam: a obra de uns permite o trabalho dos outros dois e cada qual por sua vez presta seu apoio aos outros (Bispo Adalberon de Zaon, século XI. In: FRANCO JR., H. *O Feudalismo*. São Paulo: Brasiliense, 1983).

Para concluir este capítulo, gostaríamos de chamar atenção para alguns pontos importantes relativos à estrutura agrária feudal:

1) As terras cultivadas para a subsistência dos camponeses – os *mansos* ou *tenências* – diminuíram de tamanho em relação ao *domínio* carolíngio (relembrando: era a designação da estrutura da Alta Idade Média). Isto se deu por causa da necessidade de se abrigar mais servos no senhorio. Quanto maior o número de ser-

vos, maior o volume dos impostos arrecadados pelo proprietário.
2) A *reserva senhorial* diminuiu de tamanho, pois era preciso criar mais *mansos* para os camponeses ocuparem. De outras partes, em função do progresso das técnicas agrícolas, havia uma produção significativa em menores porções de terra.
3) Os *rendimentos do senhor* vinham agora muito mais das taxas cobradas aos camponeses do que da corveia.

Leituras complementares

DUBY, G. *Guerreiros e camponeses*. Lisboa: Estampa, 1980, p. 191.

FRANCO JÚNIOR, H. *A Idade Média* – Nascimento do Ocidente. São Paulo: Brasiliense, 1988.

_____. *O feudalismo*. São Paulo: Brasiliense, 1983.

8

A expansão do comércio e as cidades no Ocidente Europeu

Os mercadores

Estudamos em capítulo anterior que as primeiras transformações econômicas no mundo feudal foram um aumento expressivo da população, uma mudança da estrutura agrária, com a consolidação do *regime senhorial*, o início de uma maciça exploração do campesinato e a consolidação da servidão no Ocidente, dado o grau de dependência do camponês ao senhor feudal e o conjunto de pesados impostos que a ele era devido.

Ao mesmo tempo, no entanto, outro fenômeno marcou o início do feudalismo: o grande aumento das atividades comerciais e da vida nas cidades. Neste capítulo, vamos discutir o primeiro tópico e tentar compreender um ponto importante na história da Idade Média no Ocidente: *o comércio, e também as cidades, estavam diretamente ligados ao mundo feudal, faziam parte dele, integravam-se ao feudalismo.*

Se vocês prestarem atenção em muitos livros didáticos, vão ver que isto não é muito enfatizado. Além disso, alguns destes livros usam o termo "renascimento comercial e urbano" para designar este processo, dando a impressão de que o comércio e as cidades não existiram no período anterior e que na Baixa Idade Média "renasceram". No estudo que fizemos sobre a Alta Idade Média, vimos como esta afirmação é incorreta, pois com os carolíngios as relações comerciais não desapareceram por completo.

Como entender então este aumento significativo das atividades mercantis a partir do século XI? Que transformações ocorreram nesta fase que propiciaram o reaquecimento do comércio interno e externo na Europa?

1) O aumento da produção de gêneros alimentícios foi em tal proporção que originou um *excedente* de produtos, que passou a ser comercializado.

2) Por causa do crescimento demográfico e das melhorias das condições de vida da população, as pessoas passaram a consumir mais, havendo assim um aumento do *mercado de consumo*.

3) A Igreja e a nobreza passaram a sofisticar seus hábitos, querendo consumir *produtos de luxo* que não existiam no Ocidente.

4) A vida nas *cidades* se revigorou, sendo um local privilegiado para o comércio, como veremos em capítulo posterior. Disse Jacques Le Goff, em seu livro *Mercadores e banqueiros na Idade Média*, que "é ao desenvolvimento das cidades que se ligam os progressos do comércio medieval; é no contexto urbano que cumpre situar o crescimento do mercador medieval"[8].

5) O restabelecimento dos contatos regulares entre o Oriente e o Ocidente favoreceu o comércio. Os cristãos rumaram para o Oriente na tentativa de libertar a cidade sagrada de Jerusalém das mãos dos turcos seldjúlcidas, no que foram bem-sucedidos, "abrindo" o Mar Mediterrâneo. Este fenômeno se intitulou *Cruzadas*, que iremos estudar mais tarde. Por conta disso, houve um aumento significativo do fluxo das rotas comerciais que ligavam Oriente e Ocidente.

6) A Europa, em inícios do feudalismo, viveu um momento de *pacificação* interna, pois a Igreja tentou conter os conflitos entre os nobres, vendo-se ameaçada na possibilidade de destruição de suas propriedades. Esta pacificação estimulada pela Igreja se deu a partir do que se chamou de *paz de Deus*, ou seja, a limitação dos conflitos durante certos dias do ano e em certos locais. Também,

---

8 LE GOFF, J. *Mercadores e banqueiros da Idade Média*. Rio de Janeiro: Martins Fontes, 1999, p. 8.

com o fim das incursões dos húngaros, normandos e muçulmanos no século IX, a segurança dos caminhos e rotas propiciou a retomada das trocas mercantis.

As atividades comerciais se concentraram basicamente em dois eixos na Europa: o mediterrânico (em torno do Mar Mediterrâneo) e o nórdico (envolvendo os Mares do Norte e Báltico).

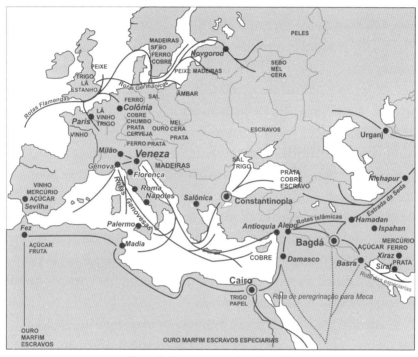

Mapa 1 Comércio medieval, 1212.
Fonte: McEVEDY, C. *Atlas de História Medieval*. São Paulo: Verbo, 1990, p. 77.

O Mar Mediterrâneo voltou a ser o eixo econômico da Europa, com grande destaque para as cidades italianas de Veneza e Gênova. A primeira tomou para si o monopólio do comércio dos produtos de luxo com o Oriente (especiarias, perfumes, tecidos finos etc.), cobiçados pela nobreza europeia. Já a cidade de Gênova, atuou no próprio Mediterrâneo oriental. No eixo Nórdico, se destacaram as cidades da Alemanha do norte. O contato entre estes dois eixos econômicos foi intenso, através de rotas terrestres, fluviais e marítimas.

81

Além destas regiões, citemos a Europa do Noroeste (Inglaterra do Sudeste, Normandia, Flandres, Champagne, regiões do Mosa e da Baixa Renânia), importantíssima como centro de comércio e produção de tecidos. O destaque foi a Flandres, uma das regiões mais prósperas na manufatura de tecidos de lã: "seus mercadores iam vendê-los por toda a parte e aproveitavam essas viagens para servir de intermediários nos países que frequentavam, por exemplo, transportar para a Inglaterra vinho de Bordéus. Seu principal porto, Bruges, tornou-se assim, no século XIII, um dos grandes centros do comércio e especialmente um ponto de encontro entre o comércio báltico e o comércio mediterrâneo"[9].

Este intenso comércio gerou locais específicos de realização: foram as famosas *feiras*. Elas existiam desde o período dos carolíngios, quando tinham um caráter local e agrário, comercializando produtos de primeira necessidade. Todavia, as feiras da Baixa Idade Média tiveram um perfil bem diferente. As mais ricas e importantes aconteceram na região da Champagne, na França, constituindo-se como um mercado quase permanente ao longo do ano, pois permaneciam cerca de quatro semanas em cada cidade. De caráter internacional, reuniam comerciantes de várias partes da Europa, que lá chegavam depois de uma longa e difícil viagem. As feiras também eram uma ocasião festiva, com apresentação de músicos e artistas.

O sucesso das feiras teve um estímulo fundamental: a proteção dada pelos senhores feudais, como foi o caso dos condes da região da Champagne. Enviavam homens para zelar pelo bom funcionamento e segurança do mercado em troca do pagamento de taxas por parte dos mercadores.

A organização do comércio na Europa feudal garantiu o seu sucesso. Mercadores de diferentes cidades se associaram, destacando-se a famosa *Hansa teutônica*, ou *Liga hanseática*, formada em 1161 e composta por 90 cidades alemãs, monopolizando o comércio do Báltico. Também a *Hansa das 17 cidades* congregou cidades flamengas para estes fins monopolistas.

---

9 GENICOT, L. & HOUSSIAU, P. *Le Moyen Age*. [s.l.]: Casterman, 1999, p. 155 [Collection Histoire et Humanités].

Outro mecanismo criado pelos comerciantes foram as *Companhias Mercantis*, sociedades formadas, sobretudo, nas cidades italianas. Firmava-se um contrato entre dois comerciantes, um que financiava as viagens e compras dos produtos, e outro, que as executava. Também as sociedades familiares tiveram um grande crescimento, formando negócios em vários ramos (comércio, produção de manufaturados, mineração), destacando-se as "Casas Comerciais", como eram chamadas, a exemplo da dos Médicis e dos Baldi.

Ao lado do crescimento do comércio, a *circulação monetária* na Europa do Ocidente aumentou bastante. Vejamos em quais circunstâncias:

1) Entre inícios do século XII e meados do XIII, com a reativação do Mar Mediterrâneo como eixo comercial, ocorreu um afluxo de ouro muçulmano para o Ocidente, alargando o estoque metálico.

2) Houve um processo de desentesouramento dos metais preciosos, que voltaram a entrar em circulação sob a forma de moeda.

3) O fortalecimento progressivo do poder do rei, como vimos, gerou uma centralização da cunhagem de moedas nas mãos do monarca, reduzindo bastante a cunhagem local e a enorme diversidade de moedas.

Neste contexto, de volta da circulação da moeda, podemos entender, agora, por que os senhores feudais, em meio ao conjunto de taxações que cobravam dos servos, aceitavam o pagamento em dinheiro. Afinal, se eles não tivessem moedas, como pagariam aos comerciantes os produtos de luxo do Oriente que tanto queriam?

Esta intensificação do comércio e da circulação monetária fez com que se desenvolvesse uma atividade especializada entre os mercadores: os que se dedicavam à troca de moedas, montando suas bancas nas feiras. Era o *banqueiro*, que, além desta função, desenvolveu outras, como o empréstimo a juros, por exemplo.

Gostaríamos agora de chamar a atenção para um ponto fundamental que comentamos no início deste capítulo: a relação profunda entre este desenvolvimento comercial e urbano com o feudalismo. É fundamental que entendamos esta correlação. As transformações econômicas que estudamos até aqui têm todas relações entre si: o crescimento demográfico, o aumento da produção de alimentos, o crescimento do comércio e das cidades e a estrutura agrária feudal – o regime senhorial. Sem esta estrutura feudal, o comércio não se desenvolveria, muito menos as cidades. O mercado e os comerciantes foram *indispensáveis* ao mundo feudal. De que modo?

O excedente agrícola do mundo rural dos senhores foi objeto de comércio. Assim, eles adquiriam moeda para atender às suas aspirações de consumo de produtos de luxo. Está explicado, então, por que os camponeses eram superexplorados no feudalismo. O pagamento de todos aqueles impostos também era feito em moedas.

O mercado era fonte de renda complementar para o senhor feudal, que cobrava dos comerciantes um salvo-conduto para transitarem em suas terras e ainda taxas de proteção nas feiras. Muitos grandes proprietários foram financiados pelos comerciantes quando foram em direção ao Oriente tentar libertar Jerusalém das mãos dos turcos, no movimento que ficou conhecido como Cruzadas.

Também os camponeses usavam o mercado para a venda de seus excedentes, e, quando fugiam de seus senhorios, tentavam se integrar nas cidades e no trabalho do comércio na perspectiva de uma vida melhor.

Concluímos, assim, que a expansão dos mercados *reforçou a servidão feudal*, pois, com necessidades cada vez mais intensas de consumo de produtos orientais, os impostos cobrados aos servos aumentaram bastante. Compreendemos agora de que modo comércio e feudalismo vão fazer parte de um mesmo processo. Apesar do aparecimento desta nova categoria social na Europa do Ocidente, este mundo ainda era agrário na sua essência.

O mundo urbano no mundo feudal

O mundo antigo foi o mundo das cidades. Era onde tudo acontecia: a política, o lazer, parte da economia, a socialização etc. No entanto, sabemos que com a crise do Império Romano e com as invasões dos povos germânicos este mundo urbano desabou, entrou numa profunda decadência. A partir daí, no Ocidente, se iniciou um contínuo processo de ruralização. A cidade perdeu sua função econômica.

Avançando no tempo, chegamos à Alta Idade Média, com os francos merovíngios e carolíngios. Neste período, as cidades foram basicamente sedes da Igreja, dos bispados. E, por fim, quando ingressamos no feudalismo, o perfil das cidades mudou totalmente. A cidade feudal foi a cidade do mercador. O comércio foi a alma do mundo urbano na Baixa Idade Média. A partir do século XI, em meio ao processo de expansão mercantil, as cidades existentes foram *repovoadas* e *novas* cidades surgiram, havendo um crescimento notável entre 1150 e 1300. Disse o autor Jacques Rossiaud, importante estudioso deste tema, que:

> Por volta de 1250 a rede urbana da Europa pré-industrial, salvo alguns pormenores, está já traçada. Na nossa opinião, os resultados são ainda modestos: um monstro – Paris –, com mais de 200 mil habitantes; uma boa meia dúzia de metrópoles – italianas, com exceção de Gand –, com mais de 50 mil almas; 60 ou 70 cidades com mais de dez mil habitantes e uma centena com mais de mil, todas diferentemente distribuídas em nebulosas mais ou menos espessas[10].

Em que contexto ocorreram estas transformações?

1) Sabemos que na Baixa Idade Média a população cresceu, e pouco a pouco os recursos disponíveis no campo, nas grandes propriedades, foram ficando limitados, criando uma tendência para um *êxodo rural*, isto é, uma saída do campo para os pequenos e tímidos núcleos urbanos. Vários servos fugiam de seus senhorios, na ideia de que iriam conseguir melhores condições de vida, e formaram assim um bom percentual da população urbana.

2) Muitas cidades apareceram também nas encruzilhadas das rotas comerciais terrestres e fluviais, em locais de realização de feiras, em meio ao trabalho incansável dos mercadores, que paravam

---

10 ROSSIAUD, J. "O citadino e a vida na cidade". In: LE GOFF, J. *O homem medieval*. Lisboa: Presença, 1989, p. 99.

para realizar seus negócios ou mesmo descansar. Pouco a pouco, nestes locais, criou-se uma estrutura permanente, surgindo daí um núcleo urbano.

3) As portas dos castelos, dos mosteiros e das grandes propriedades senhoriais, leigas e religiosas, foram outro foco de surgimento de cidades, pela presença de um comércio local estimulado pelos excedentes agrícolas e novas necessidades de consumo da nobreza. Perto de Abadias, as cerimônias religiosas atraíam fiéis, e também em locais que congregavam peregrinos, as condições para o surgimento de uma cidade estavam ali.

Concluímos, assim, que é impossível pensar numa expansão urbana sem uma expansão comercial e vice-versa. Comércio e cidade integraram um mesmo processo, diretamente ligado ao feudalismo.

As cidades medievais eram protegidas. Eram cercadas por muralhas, por *burgos*, daí o termo *burguês*, surgido para designar o habitante das cidades, em sua maioria voltados para o comércio, daí a associação entre comerciantes, mercadores e *burgueses*, ou *burguesia*, expressão que designou uma nova categoria social.

O crescimento das cidades se refletiu na construção destas muralhas, a exemplo da cidade de Lille, na França, que na metade do século XIII teve acrescida à sua muralha original, datada de meados do século anterior, uma outra bem mais extensa, englobando novas áreas. Como afirmou Jacques Le Goff, em seu livro *O apogeu da cidade medieval*:

> A muralha foi o elemento mais importante da realidade física e simbólica das cidades medievais. Embora seja provável que motivos militares tenham estado na origem da construção das muralhas, nem por isso estas deixaram de constituir – inspiradas no modelo dos muros, antigos ou lendários, que definem um espaço sagrado da cidade – o elemento essencial para a tomada de consciência urbana na Idade Média[11].

---

11 LE GOFF, J. *O apogeu da cidade medieval*. São Paulo: Martins Fontes, 1992, p. 15.

Cidade medieval de Alquézar, Espanha, cercada por muralhas

O mundo urbano medieval se integrou completamente ao mundo rural. Esta relação é muito importante. A cidade medieval teve um caráter *semirrural*, a começar pelo fato de que foi povoada em grande parte por camponeses. A cidade medieval se integrou completamente ao feudalismo, do mesmo modo que o comércio fez parte dele. No caso daqueles núcleos urbanos que estavam localizados em regiões pertencentes aos senhores feudais, havia a cobrança de taxas variadas em cima do comércio. Também a produção agrária excedente dos senhorios alimentava a cidade, sendo lá objeto de comercialização e de produção manufatureira. Surgiu assim uma produção artesanal importante para o cotidiano da população pela abundância de matéria-prima vinda do campo (lã, couros, ferro etc.). Os artesãos, do mesmo modo que os mercadores, se organizaram em *Corporações de Ofícios*, controlando a produção e os preços dos respectivos produtos. Eram também comerciantes, pois vendiam a sua própria produção.

Até aqui entendemos que a cidade medieval foi o centro do comércio, de uma produção manufatureira e foi um poderoso local de consumo. Coube às grandes famílias de mercadores ricos e influentes o governo das cidades. No século XIII, se iniciaram vários movimentos por uma autonomia institucio-

Cidade de Cordes, na França, fundada em 1222 pelo Conde Raimond de Toulouse

nal e política – foram os chamados *Movimentos Comunais* – para os núcleos urbanos se livrarem do peso do poder dos senhores feudais a que estavam subordinados. Só ao final deste período é que o choque entre ambos passou a ser insustentável.

Como se deu a relação das cidades como a monarquia feudal francesa?

O Rei Luís VII (1137-1180) estimulou uma política de crescimento das cidades e de seus respectivos mercados locais. Em Paris, por exemplo, proibiu a construção de casas em algumas praças com o objetivo de estocar mercadorias; criou várias feiras na cidade; concedeu vários privilégios a categorias profissionais. Também o Rei Felipe Augusto integrou as cidades ao sistema monárquico feudal, estimulando seus mercados e exigindo delas também serviço militar.

A figura do comerciante, do artesão, do citadino em geral, e de todos os ofícios que se geraram na cidade, vão alterar a ideologia das três ordens sociais elaborada pela Igreja. Agora, além dos que rezam, guerreiam e trabalham, havia outros indivíduos nesta sociedade. Neste contexto, o mercador na cidade, e também o mercador itinerante, foram duramente marginalizados pela natureza de sua atividade. Os textos religiosos nos séculos XI e XII, como tratados canônicos, manuais de confissão etc., descreveram o comerciante como um marginal na sociedade. Era aquele que não tinha as virtudes cavalheirescas e não produzia. Disse o Papa Leão Magno, por exemplo, que era difícil não pecar quando se exercia a profissão de comerciante.

Este conflito com a moral cristã atingiu principalmente os *usurários*, ou seja, aqueles que emprestavam dinheiro a juros, daí ser o crédito condenado, base do grande comércio e atividade bancária. Estes indivíduos foram os maiores pecadores, na visão da Igreja, sendo objeto de numerosos textos de época que os condenaram. O argumento era que o tempo, que pertencia a Deus, não podia ser objeto de venda. Sobre eles, disse Bertoldo de Ratisbona, um padre franciscano italiano no século XII: "podes receber a cruz do papa, atravessar os mares, combater contra os infiéis, conquistar o Santo Sepulcro. No entanto, apesar de toda a santidade, a tua alma está condenada".

Em 1179, o Concílio de Latrão proibiu os cristãos de praticarem a usura, e a partir deste momento houve um grande crescimento da burguesia judaica na Europa. Mas, na prática, no entanto, as relações da Igreja com os mercadores eram outras... Se, por um lado, a moral cristã condenava certas práticas, por outro a Igreja não podia dispensar as vantagens do comércio e da nova lógica econômica que se impunha no Ocidente. Assim, fez "vista grossa" aos juros, aceitando-os na condição em que o mercador corresse risco no seu negócio.

No século XIII, a Igreja mudou oficialmente sua visão do comércio, aceitando-o plenamente como uma necessidade aprovada por Deus. E também as profissões urbanas (artesãos, médicos, vendedores etc.) foram encaradas a partir deste período como necessárias e fruto de vocações divinas. Alargava-se, assim, a velha teoria das três ordens do feudalismo.

Leituras complementares

FRANCO JÚNIOR, H. *A Idade Média* – Nascimento do Ocidente. São Paulo: Brasiliense, 1988, p. 39-45.

GUREVIC, A.J. "O mercador". In: LE GOFF, J. *O homem medieval.* Lisboa: Presença, 1989, p. 177-178.

LE GOFF, J. *Mercadores e banqueiros na Idade Média.* São Paulo: Martins Fontes, 1999.

_____. *O apogeu da cidade medieval.* São Paulo: Martins Fontes, 1999.

ROSSIAUD, J. "O citadino e a vida na cidade". In: LE GOFF, J. *O homem medieval.* Lisboa: Presença, 1989, p. 100-102.

9

A Igreja no Ocidente Medieval

O movimento monástico e a retomada da hegemonia pontifícia

Estamos iniciando neste capítulo um novo tema de nosso livro: a Igreja na Baixa Idade Média. Como vocês devem lembrar, a estrutura da Igreja no Ocidente em finais da Alta Idade Média era bem específica: ela estava *subordinada* aos poderes políticos. A Igreja estava *atrelada* ao Estado Franco, e, com o governo de Carlos Magno, estas relações se estreitaram ainda mais. Ao mesmo tempo em que os clérigos participavam do conselho real, também o monarca tinha amplos poderes nos negócios eclesiásticos, presidindo sínodos e nomeando bispos de acordo com seus interesses.

Com a crise do Império Carolíngio, a Igreja voltou seus olhos para o Sacro Império Romano-germânico (Sirg), que, como já estudamos em capítulo anterior, foi a força política mais consistente neste momento. A Igreja, desde o século V, com o início do Estado Franco no Ocidente, procurou se aliar aos poderes políticos, lembram? Também neste momento, a estratégia não mudou: o imperador e a alta nobreza germânica tinham uma influência decisiva na escolha dos cargos da Igreja, especialmente do papa. Isto foi o *cesaropapismo*. E também se generalizou a prática dos senhores feudais considerarem a igreja que estava em suas terras como uma propriedade pessoal, influenciando na nomeação do sacerdote que lá iria atuar. Isso se chamou *investidura leiga*, pois os padres eram investidos do sacerdócio pelos senhores. Estes, ainda, arrecadavam para si o dízimo da Igreja e as esmolas, que deveriam ser passados para o bispado.

Concluímos assim que no início da Baixa Idade Média a Igreja estava atrelada aos *poderes temporais*. A consequência disso foi uma degradação do clero, que não era escolhido por virtude e vocação, mas sim de acordo com os interesses pessoais dos senhores e do imperador. Era um clero que também comercializava bens da Igreja, vendia indulgências e relíquias, caracterizando o que se chamou de *simonia*.

Que dizer, então, desta Igreja? Ela atravessava um processo de *secularização*. Ela estava misturada ao mundo feudal. Ela era uma grande proprietária de terras, participando ativamente da estrutura agrária da Baixa Idade Média, o senhorio. Ela estava feudalizada. Como bem definiu o medievalista Georges Duby,

> o corpo da Igreja mergulha cada vez mais no feudalismo, incorpora-se nele, e a invasão do espiritual pelo temporal passa a ser mais profunda. O serviço do senhor tende a passar à frente do serviço de Deus, e os padres a distinguir-se menos ainda dos laicos [...]. Vemo-los gerir como outros senhores os domínios fundiários que constituem a sua prebenda. Caçam, gostam de bons cavalos e de belas armaduras. Muitos vivem com mulheres[12].

Neste momento, a Igreja pretendia retomar as rédeas de sua própria história, retomar o poder sobre ela própria, resgatar sua autonomia política, o seu poder de escolher os seus próprios integrantes e a autonomia do papa. Para tanto, o apoio dos monges foi decisivo, havendo, a partir do século XI, uma *revitalização* do movimento monástico no Ocidente. Já sabemos que o monasticismo surgiu na Alta Idade Média, com a *Ordem dos Beneditinos* no século VI, influenciando outras. No século X, surgiu outra ordem monástica importantíssima: a *Ordem de Cluny*, de papel fundamental neste movimento de reforma espiritual da Igreja.

---

12 DUBY, G. *O tempo das catedrais* – A arte e a sociedade – 980-1420. Lisboa: Estampa, 1979, p. 54.

Esta ordem foi fundada em 932 na França, na região da Borgonha, por alguns monges beneditinos, que ganharam de um duque da Aquitânia (região da França) uma grande extensão territorial. Liderada pelo Monge Bernon, a ordem surgiu com a construção da igreja, e depois se institucionalizou sob a liderança deste clérigo, que foi o primeiro abade e inaugurou uma rígida disciplina monástica na primeira casa. A Ordem de Cluny foi considerada como uma dissidência da Ordem dos Beneditinos. Basicamente, a estrutura da Ordem foi fundamentada numa austera disciplina de vida, na grande valorização dos rituais litúrgicos, das celebrações eucarísticas, na leitura de escrituras e textos sacros, no poder da oração, no silêncio e no isolamento. Sua influência e crescimento na Europa foram enormes, sendo muitos mosteiros beneditinos remodelados ao estilo dos cluniacences. A ordem foi considerada como o grande núcleo da espiritualidade no Ocidente até o século XII.

Mas como já dissemos, Cluny teve um papel significativo na mudança de perspectiva da Igreja. A começar pelo documento de criação da Ordem – o testamento do Duque da Aquitânia, Guilherme –, onde o mesmo expressava literalmente a intenção de mantê-la livre de interferências de leigos, com os monges escolhendo os abades, e ficando sob a estrita proteção do papado. Leiam abaixo uma parte deste testamento para melhor compreensão do espírito da criação da Ordem:

> Para aqueles que consideram as coisas com bom-senso é evidente que a Divina Providência aconselha os ricos a utilizar devidamente os bens que possuem de maneira transitória, se desejam recompensa eterna [...]. Por esta razão eu, Guilherme, pela Graça de Deus conde e duque, tendo ponderado estas coisas e desejando, enquanto é tempo, tomar medidas para a minha salvação, achei justo e mesmo necessário dispor, para proveito da minha alma, de algumas das possessões temporais que me foram concedidas [...]. Portanto, a todos aqueles que vivem na unidade da fé e que imploram a misericórdia de Cristo, a todos os que lhes sucederem e viverem até à consumação dos séculos, faço saber que, por amor de Deus e do nosso Salvador Jesus Cristo, dou e entrego aos santos apóstolos Pedro e Paulo

a vila de Cluny, que fica sobre o rio chamado Grosne, com as suas terras e reserva senhorial, a capela dedicada em honra de Santa Maria Mãe de Deus e de São Pedro, príncipe dos apóstolos, com todas as coisas que pertencem a essa vila: capelas, servos dos dois sexos, vinhas, campos, prados, florestas, águas e cursos de água, moinhos, colheitas e rendas, terras lavradas e por lavrar, sem restrições [...]. Dou com a condição de que seja construído em Cluny um mosteiro regular, em honra dos Santos Apóstolos Pedro e Paulo; que aí formem uma congregação de monges vivendo sob a regra de São Bento; que a possuam para sempre, detenham e governem, de tal maneira que este venerável domicílio esteja incessantemente cheio de votos e preces; que todos procurem nela, com o vivo desejo e um fervor íntimo, a doçura da comunicação com o Céu e que as preces e súplicas sejam sem cessar daí dirigidas para Deus, tanto por mim como por aquelas pessoas acima lembradas [...]. *Foi de nosso agrado registrar neste testamento que de este dia em diante os monges unidos na congregação de Cluny fiquem por completo libertos do nosso poder, do dos nossos parentes e da jurisdição da real grandeza, e nunca se submetam ao jugo de qualquer poder terreno, nem ao de nenhum príncipe secular, conde ou bispo, nem ao do pontífice da sé romana, mas apenas a Deus...* (grifo meu)[13].

Abadia de Cluny

---

[13] Testamento de Guilherme de Aquitânia. In: ESPINOSA, F. *Antologia de textos históricos medievais*. Lisboa: Sá da Costa, 1981, p. 284-285.

Nesta perspectiva de independência da Igreja, os monges de Cluny também se opuseram violentamente às práticas como a simonia e o cesaropapismo, objetivando resgatar também o prestígio da vida religiosa. Progressivamente, os grandes homens da Igreja da época começaram a querer afirmar o seu poder espiritual frente ao poder político dos senhores e do imperador, e em fins do século XI o Papa Gregório VII empreendeu uma grande reforma interna da Igreja – a *Reforma Gregoriana* –, que teve os seguintes pontos principais:

1) O estabelecimento de uma nova regulamentação da eleição do papa, feita pelo Colégio dos Cardeais, criado em 1059 para este fim, mas que ainda não tinha se efetivado.

2) A proibição de nomeações dos outros cargos da Igreja por leigos.

3) A obrigatoriedade do celibato (estado de uma pessoa que se mantém solteira) clerical.

4) A proibição do comércio dos bens e sacramentos eclesiásticos.

Evidentemente que estas medidas levaram a uma forte oposição de Henrique IV, Imperador do Sacro Império Romano-germânico. Este conflito entre o papado e o império foi denominado de *Querela das Investiduras*, ou seja, uma briga por quem iria nomear ou *investir* os clérigos: o imperador ou a própria Igreja.

Embora já institucionalizada, a *investidura eclesiástica* – nomeações para os cargos da Igreja feitas pelos próprios eclesiásticos – não ocorria na prática. Foi somente através da *Concordata de Worms*, em 1122, que o papa e o imperador chegaram a um acordo, com a vitória do papado. O imperador finalmente cedeu a escolha dos cargos da Igreja, mas em contrapartida ele estaria presente nas eleições.

O século XIII: apogeu da Cristandade ocidental

No século XIII, a Igreja já tem consagrada sua expansão espiritual para regiões que não pertenciam à chamada *cristandade latina*. Este movimento de expansão assumiu a forma de expedições militares e dirigiu-se para algumas regiões específicas: a Europa Oriental, a Península Ibérica e o Oriente. Seu objetivo geral, afirmado pela Igreja, era combater os inimigos da fé católica e consagrar o seu poder e hegemonia. No caso da Europa Oriental, os grupos pagãos foram o seu alvo e, na Península Ibérica, os muçulmanos, originando o que se chamou de *reconquista* cristã.

Iremos privilegiar aqui o caso da expansão para o Oriente, particularmente a Palestina, movimento que ficou conhecido como *Cruzadas*, estendendo-se dos séculos XI ao XIII. Comecemos pelo conclame do Papa Urbano II, durante o Concílio de Clermont, na França, em 1095, através do qual é possível desvendar as causas deste fenômeno:

> Dos confins de Jerusalém e da cidade de Constantinopla, graves notícias, repetidas vezes, chegaram a nossos ouvidos. Uma raça oriunda do Reino dos Persas, uma raça maldita, uma raça totalmente alheia a Deus [...] invadiu com violência as terras dos cristãos e as despovoou pela pilhagem e pelo fogo. Entrai no caminho que leva ao Santo Sepulcro; arrancai aquela terra da raça malvada para que fique em vosso poder [...].

> A todos os que partirem e morrerem no caminho, em terra ou mar, ou que perderem a vida combatendo os pagãos, será concedida a remissão dos pecados. Que combatam os infiéis os que até agora se dedicavam a guerras privadas, com grande prejuízo dos fiéis. Que sejam doravante cavaleiros de Cristo os que não eram senão bandoleiros. Que lutem agora contra os bárbaros os que se batiam contra seus irmãos e pais. Que recebam as recompensas eternas os que até então lutavam por ganhos miseráveis. Que tenham uma dupla recompensa os que se esgotavam em detrimento do corpo e da alma. A terra que habitam é estreita e miserável, mas no território sagrado do Oriente há extensões de onde jorram leite e mel (FRANCO JR. H. *As Cruzadas.* São Paulo: Brasiliense, 1981, p. 26-27).

Que pontos importantes podemos perceber da leitura acima? Em primeiro lugar, a força da religião, uma das mais importantes características da mentalidade do homem medieval, responsável também por este movimento cruzadístico. A tomada de Jerusalém, da Terra Santa, e a proibição das peregrinações pelos turcos seldjúlcidas foi uma afronta ao mundo cristão. Maomé e seus seguidores eram tidos como seguidores do diabo, maior inimigo da Cristandade e, portanto, tinham de ser combatidos. Firmava-se o ideal de *Guerra Santa*, plenamente justificada e legitimada. As Cruzadas eram peregrinações que possibilitavam a salvação dos pecados e "recompensas eternas", segundo o discurso deste papa que acabamos de ler.

Vistas assim, como uma guerra em nome de Deus, as Cruzadas acabavam sendo uma expressão dos próprios valores desta nobreza feudal: guerreira, valorizadora da honra, do *status*, da bravura, do combate da fé católica. As relações de suserania e vassalagem acabavam se transpondo para as relações entre Deus e os homens. Assim, estes, enquanto vassalos de Deus, tinham de combater seus inimigos.

A Igreja, em inícios da Baixa Idade Média, pretendia *pacificar* a Europa feudal, limitando e normatizando a guerra e também "exportando" o ímpeto guerreiro da nobreza, objetivando proteger também seus bens materiais. Neste sentido, no século XI, a Igreja determinou, sob pena de excomunhão, que os combates eram proibidos em certos dias do ano, em certos dias da semana e em determinados locais, como santuários, mosteiros, mercados. A isso se denominou "Paz de Deus" e "Trégua de Deus".

Ver Jerusalém como uma terra onde se jorra "leite e mel" nos faz lembrar que a busca de novas terras era uma necessidade constante no Ocidente, levando muitos nobres a partirem em direção ao Oriente, pois a obtenção de novas propriedades para serem enfeudadas iria garantir a renovação dos contratos de suserania e vassalagem. Também os segundos filhos de famílias nobres participaram com frequência das Cruzadas, pois, de acordo com o direito feudal, estavam excluídos das heranças, restritas ao primeiro filho.

Ainda no tocante às motivações materiais das Cruzadas, cabe lembrar que as cidades italianas de Veneza e Gênova tinham grande interesse em "libertar" Jerusalém por conta das possibilidades de comércio entre o Ocidente e o Oriente, e para promover sua ascensão mercantil. Tais cidades foram responsáveis pelo financiamento de alguns nobres nesta empreitada.

Outros grupos sociais também se dirigiram ao Oriente, num movimento que englobou desde monarcas até mendigos e camponeses. Lembremos que no início da Baixa Idade Média houve um crescimento populacional grande, também aumentando a população marginal que nada tinha a perder rumando para a Terra Santa.

A primeira Cruzada, chamada de "Cruzada Popular", aconteceu logo após o apelo do papa em 1096, liderada pelo monge francês Pedro, o Eremita. Seus seguidores eram camponeses fugidos, pobres, aventureiros, que apesar de terem conseguido chegar até Constantinopla, mesmo sem organização prévia, sem armamentos e mantimentos, foram duramente derrotados pelos turcos.

A primeira Cruzada "oficial" (1096-1099) foi a organizada pela nobreza e pelo papa, composta por vários exércitos feudais autônomos – dois da França, um do Sacro Império Romano-germânico e outro do sul da Itália. Teve o apoio do imperador bizantino, que queria recuperar territórios que antes lhe pertenciam. Jerusalém foi tomada e na região foram organizados *Estados Latinos*, como vemos no mapa abaixo, localizados em regiões culturalmente distintas e sofrendo ameaças permanentes por parte dos turcos.

A Segunda Cruzada (1147-1149) foi motivada pela queda do Condado de Edessa e pela necessidade do fortalecimento dos latinos no Oriente. Foi liderada pelo imperador alemão e pelo rei francês Luís VII, mas fracassou. Já a Terceira Cruzada (1189-1192) foi estimulada pela perda de Jerusalém, conquistada pelo líder muçulmano Saladino. Reuniu três grandes líderes: Felipe Augusto, da França; Ricardo, Coração de Leão, da Inglaterra, e Frederico Barba Ruiva, do Sirg. Como as outras, não teve um comando único. O ganho foi a liberdade de peregrinação a Jerusalém estabelecida por um acordo. A recuperação de Jerusalém só aconteceu na Sexta Cruzada (1228-1229), liderada pelo imperador alemão, mas depois foi novamente perdida. Finalmente, a Sétima Cruzada (1248-1250) e a Oitava Cruzada (1270) foram lideradas por Luís IX, que faleceu de peste nesta última.

Que transformações no Ocidente foram propiciadas pelas Cruzadas?

1) A reabertura do Mediterrâneo ao comércio entre Ocidente e Oriente, interrompido desde a invasão muçulmana, e o fortalecimento crescente da burguesia emergente.

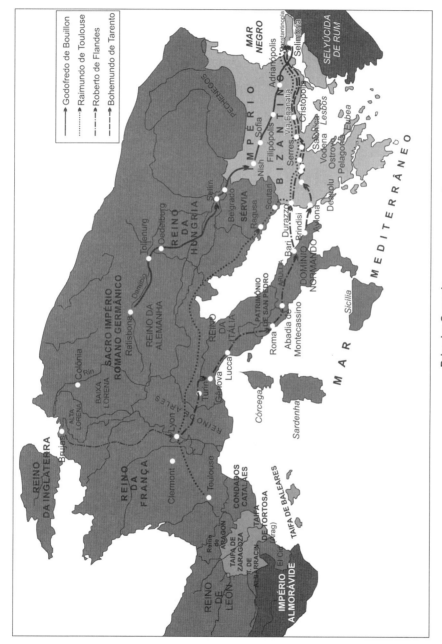

Primeira Cruzada

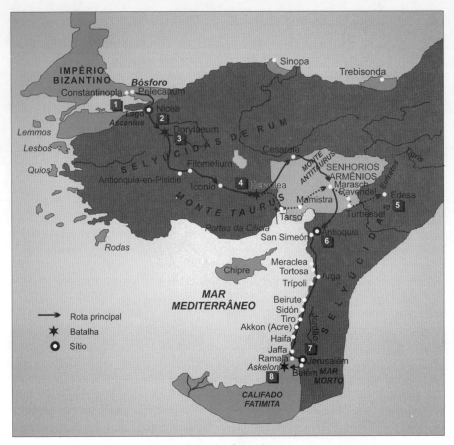

Primeira Cruzada

2) O enfraquecimento progressivo da aristocracia feudal pela perda de patrimônios por parte dos nobres.

3) As fugas coletivas de servos, muitos dos quais foram para as cidades tentar a vida como artesãos ou comerciantes. Em alguns casos, os senhores venderam-lhes a liberdade para obterem recursos, especialmente quando voltavam arruinados das Cruzadas.

Do ponto de vista militar, o movimento foi bastante desordenado, fazendo com que os cruzados não conseguissem preservar os territórios conquistados, mas ainda assim possibilitou a ampliação inegável da Cristandade latina.

O século XIII foi para a Igreja um tempo de glória. Consagrou a sua hegemonia espiritual no Ocidente. O *IV Concílio de Latrão*, reali-

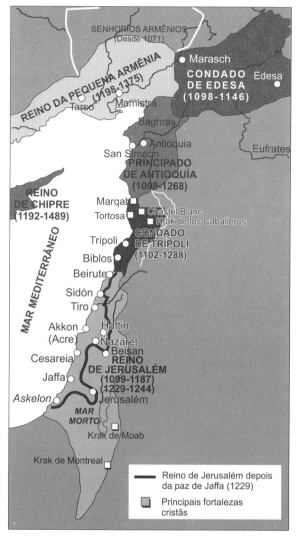

Fortalezas cristãs

zado em 1215 e convocado pelo Papa Inocêncio III (1198-1216), simbolizou essa grande força e prestígio. Para o Concílio vieram muitas autoridades eclesiásticas de várias partes da Europa. Numerosos temas foram discutidos: a reafirmação da autoridade da Igreja, com a organização e centralização do corpo eclesiástico centrado na figura do papa; a formação intelectual e moral do clero; a moralização dos costumes da população; e finalmente, o que mais preocupava a Igreja, a elaboração de formas de combate às *heresias*, que estavam se espalhando pela Europa.

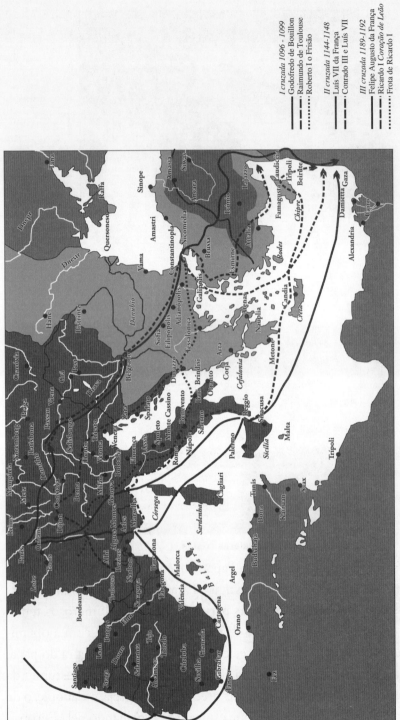

Primeira à Terceira Cruzada

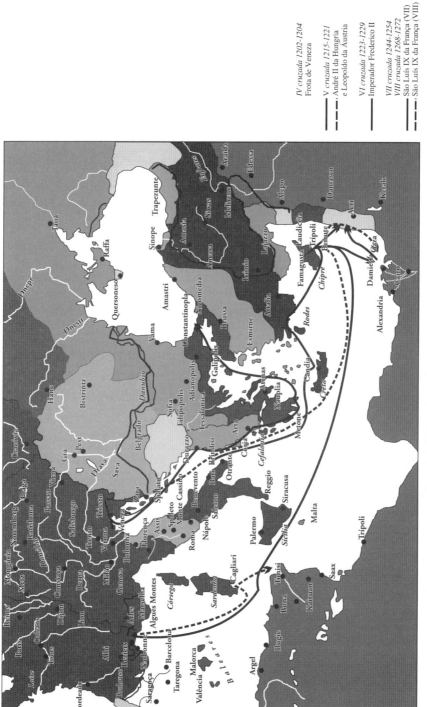

Quarta à Sétima Cruzada

IV cruzada 1202-1204
Frota de Veneza

V cruzada 1215-1221
André II da Hungria
e Leopoldo da Áustria

VI cruzada 1223-1229
Imperador Frederico II

VII cruzada 1244-1254
VIII cruzada 1268-1272
São Luís IX da França (VII)
São Luís IX da França (VIII)

103

Os grupos heréticos mais significativos foram os *cátaros*, que entraram na Europa no século XI vindos da Bulgária. Eles renegavam a hierarquia da Igreja, a autoridade do papa, o culto às imagens e a humanidade de Cristo. Consideravam que todas as coisas materiais e terrenas eram signos do mal, expressão da ação do demônio. Uma parte deste grupo se fixou no sul da França no século XII, sendo chamados de *albigenses*.

Outra manifestação contra a Igreja foi a crítica ao seu grande poderio econômico. A Igreja na Baixa Idade Média fora uma grande proprietária de terras, e a riqueza que demonstrava era enorme. Havia se afastado muito do cristianismo primitivo, e isso alguns homens perceberam muito bem. Um deles foi *Francisco de Assis* (1181/1226), filho de um rico comerciante da cidade de Assis, na Itália. Após um longo período de reflexões, em 1206 renunciou a tudo e se converteu num pedinte, abandonando toda a sua vida anterior para viver como Jesus Cristo vivera – humilde, pobre e caridoso.

Aos poucos, foi ganhando adeptos e começou sua pregação, fundamentada no exemplo da vida apostólica de Jesus e seus primeiros discípulos. Em 1210, o Papa Inocêncio III oficializou sua pregação e suas ideias difundiram-se por toda a Cristandade Ocidental.

São Francisco em êxtase
Giovanni Belini, 1485. The Frick Collection, Nova York.

Em 1223, os *franciscanos* se constituíram como Ordem religiosa, fixando-se em conventos.

Outra Ordem importante foi a dos *dominicanos*, que também compartilhavam da crítica ao poder econômico da Igreja, ansiando pelo retorno ao cristianismo primitivo. Seu fundador, *Domingos de Gusmão* (1170-1221), filho de uma família nobre de Castela e seguidor da carreira eclesiástica, chegou a ser cônego de Osma, ao contrário de Francisco de Assis, que era leigo. Ele também abandonou tudo em 1208 para servir a Deus de outra forma.

Domingos de Gusmão, discordando do modo violento como os hereges albigenses eram combatidos, considerou que haveria outra forma de enfrentá-los, inspirada no exemplo da vida de Cristo, por meio do estudo e ensinamento da doutrina cristã. Esta Ordem, aprovada pelo papa em 1216, emanou da Igreja e, ao contrário dos franciscanos, esteve mais diretamente ligada ao combate das heresias.

No século XIII começou a se expandir no Ocidente uma nova forma de pregação pacífica através das *ordens missionárias* (franciscanos e dominicanos), também conhecidas como *ordens mendicantes*, em substituição ao ideal de Guerra Santa.

Finalmente, a Igreja também consagrou seu poder no Ocidente com a criação de um tribunal religioso, o Santo Ofício da Inquisição, em 1231, impondo uma grande vigilância aos fiéis. Foi dado um caráter institucional às perseguições religiosas, com instalação de tribunais presididos por juízes locais nomeados pelo papa e formação de um processo com testemunhas anônimas, sentenças e penas variadas. Em função de sua trajetória de estudo e erudição como instrumento para conversão, coube aos dominicanos a organização da Inquisição papal.

Domingos de Gusmão presidindo um Auto-de-fé
Pedro Berruguete, 1475.

Glossário

Cristandade – Termo que designa o conjunto dos domínios cristãos no Ocidente Europeu, uma espécie de "consciência coletiva ocidental que veio a partir dos contatos crescentemente tensos com referenciais externos, o mundo muçulmano desde princípios do século VIII e o mundo bizantino, sobretudo desde o século IX[14].

Cruzada – A palavra só surge depois de 1250 para designar a expedição a Jerusalém dos soldados de Cristo. Nos séculos XI-XII, fala-se de "viagem a Jerusalém", em peregrinação ou expedição, sem outra precisão.

Ordens mendicantes – Ordens religiosas surgidas no século XIII, vivendo em regime de pobreza, fora dos claustros, distinguindo-se do monaquismo latifundiário da época. As mais importantes, então surgidas, foram os franciscanos (1209), os dominicanos (1216), os carmelitas (1229) e os eremitas de Santo Agostinho (1252). Dada a sua melhor adaptação às circunstâncias e necessidades da nova era de início da concentração urbana e da mobilidade das populações, tiveram o apoio dos papas e vieram a desempenhar papel decisivo na reforma da Igreja e, mais tarde (séc. XV), na evangelização dos novos mundos.

Reconquista – É a designação do movimento cristão, iniciado no século VIII, que visava à recuperação cristã das terras perdidas para os árabes durante a invasão da Península Ibérica. A guerra aos árabes na península durou cerca de oito séculos, só concluída em 1492 com a tomada do reino muçulmano de Granada pelos Reis Católicos. Em Portugal, a Reconquista terminou com a conquista definitiva de Silves pelas forças de D. Afonso III, em 1253.

Leituras complementares

FRANCO JÚNIOR, H. *A Idade Média* – Nascimento do Ocidente. São Paulo: Brasiliense, 1988, p. 73-81.

_____. *As Cruzadas*. São Paulo: Brasiliense, 1981.

VAUCHEZ, A. *A espiritualidade na Idade Média Ocidental* – Séculos VIII a XIII. Rio de Janeiro: Zahar, 1995.

---

14 FRANCO JÚNIOR, H. *A Idade Média* – Nascimento do Ocidente. São Paulo: Brasiliense, 1988, p. 182.

10

A cultura medieval

Neste capítulo, vamos estudar um pouco alguns aspectos da cultura na Idade Média feudal. O termo *cultura* foi definido por muitos autores de maneiras diversas, inclusive na história, um campo de análise se estruturou: a História Cultural. Este gênero historiográfico tem se dedicado a estudar não só as manifestações "oficiais" da cultura de uma sociedade (as artes, a literatura, a filosofia), como também as manifestações populares das massas anônimas.

Uma definição interessante de cultura nos foi dada pelo historiador italiano Carlo Ginzburg, que num de seus livros – *O queijo e os vermes* – definiu cultura como uma "massa de discursos, formas de consciência, crenças e hábitos relacionados a determinado grupo historicamente determinado"[15].

O estudo da cultura na Idade Média foi feito por alguns historiadores de um modo muito interessante, através de *níveis culturais* diferenciados, mas que se misturam:

1) A cultura erudita, ou letrada, da elite intelectual medieval, que foram os homens da Igreja, transmitida pelas escolas eclesiásticas, universidades, sermões, regras de conduta moral e religiosa.

2) A cultura vulgar, popular, dos leigos, transmitida oralmente, no cotidiano da vida deste homem medieval.

Neste capítulo vamos privilegiar as contribuições da cultura erudita na Baixa Idade Média.

---

15 GINZBURG, C. *O queijo e os vermes.* São Paulo: Companhia das Letras, 1988, p. 15-33.

A Igreja monopolizava o mundo intelectual. Ela foi a representante da chamada *cultura erudita*, da cultura letrada. Os clérigos monopolizaram a cultura escrita, pelo menos até o século XII, com o latim, que se tornou a "língua oficial" da Igreja. Na Alta Idade Média, a cultura clerical teve grande impulso com a renovação cultural promovida por Carlos Magno, conhecida por *Renascimento Carolíngio*. Ampliou-se o sistema de ensino com a criação das escolas eclesiásticas, voltadas para a formação de futuros clérigos, e das escolas paroquiais. Gramática, retórica, dialética, aritmética, geometria, astronomia e música – as chamadas "sete artes liberais" – foram as disciplinas a partir das quais se organizou o ensino.

Também neste período os mosteiros tiveram um papel importante na preservação da cultura clássica. Através das mãos dos hábeis copistas, muitos autores da Antiguidade foram transcritos para as bibliotecas dos mosteiros, algumas até abrigando cerca de mil livros. A influência dos monges nas artes e na cultura medieval foi significativa, como podemos perceber no trecho abaixo:

> Pessoas que em quaisquer outras condições provavelmente nunca teriam oportunidade de manejar um pincel, um cinzel ou qualquer outra ferramenta de pedreiro viam-se em contato direto com as Artes e os ofícios [...]. Nas fundações beneditinas os *scriptoria* eram vastas salas de trabalho e nas outras ordens, por exemplo, nas cisterciences e nas cartuxas, celas menores [...]. Os monges também se interessavam pela arquitetura, pela escultura e pela pintura; eram exímios como ourives e esmaltadores, conheciam a arte de tecer tapeçarias e sedas e iniciaram o trabalho da fundição de sinos e da encadernação, dos vidros e cerâmicas[16].

A partir do século XII, em meio às novas transformações do mundo medieval, que já estudamos, começaram a surgir escolas dentro das cidades. Foram as escolas urbanas, dentro das catedrais, originárias das escolas episcopais. Inaugurava-se um novo tipo de ensino,

---

16 HAUSER, A. *História social da literatura e da arte*. Tomo I. São Paulo: Mestre Jou, 1972, p. 238-240.

reunindo-se grupos de discípulos ao redor de um mestre, comentando e analisando textos e livros de algum ramo do saber. Aos poucos, estas escolas foram se tornando corporações de mestres e alunos, originando as *universidades*.

Universidade de Coimbra, Portugal

Algumas surgiram espontaneamente, como foi o caso de Bolonha, na Itália, em 1158, congregando várias escolas existentes, e a de Paris, em 1200; outras nasceram de dissidências internas, como a de Cambridge (Inglaterra), surgida a partir de Oxford, em 1209, e, por fim, aquelas que foram criadas por bulas imperiais ou papais, como foi o caso de Coimbra (Portugal), em 1290. Inicialmente, o aluno estudava por seis anos as sete artes liberais e depois escolhia uma das grandes áreas do saber: Direito, Medicina ou Teologia.

Num mundo onde a imensa maioria da população era iletrada, a arte, sob a forma de pintura, escultura, arquitetura, mosaicos e vitrais, foi uma forma ímpar de veiculação de ideias, valores e dogmas religiosos. A arte medieval era pedagógica, com a finalidade de incutir valores, e não pura e simplesmente pelo seu valor estético.

A arte *românica*, característica dos séculos XI e XII, surgida no sul da França e na Itália, era típica das ordens monásticas de início da Baixa Idade Média, particularmente da ordem de Cluny. Os edifícios eram de pedra, com poucas janelas, paredes grossas, arcos nas portas e teto em forma de abóbada. O estilo *gótico*, que sucedeu o românico, predominou dos séculos XII ao XV. Utilizado pela primeira vez pelo italiano Vasari, no século XVI, para designar esta nova estética, o termo "gótico" tinha uma conotação negativa, significando "bárbaro", "grosseiro", tal qual a concepção pejorativa da Idade Média característica do Renascimento europeu.

O gótico correspondeu às grandes mudanças que marcaram o Ocidente Europeu a partir do século XI: o crescimento populacional, o desenvolvimento do comércio, da circulação monetária e das cidades. Esta arte foi tipicamente urbana e sua expressão mais significativa se deu através da construção das *catedrais*.

Catedral de Linconlshire, Inglaterra

A cidade era um mundo em efervescência, aglomerando novas profissões e dinheiro. Era lugar de abundância, de comércio. Embora tivesse gerado pobreza, miséria, a cidade se erguia imponente como o lugar do burguês, do mercador. No século XII, o cristão do mundo urbano se lembrou que os ricos tinham poucas chances de entrar no Reino dos Céus e salvarem sua alma. Por isso, era preciso dar pelo menos uma parte do que possuíam, e assim foram financiadas as catedrais, com o dinheiro da burguesia nascente.

Uma das características mais marcantes da catedral gótica foi a *luminosidade*. A luz que a invadia tinha um sentido pedagógico e uma carga simbólica: demonstrar a presença de Deus. Afinal,

Catedral de Notre-Dame de Paris, França

110

Deus era a luz, e, em tudo que espelhasse luz, Ele lá estaria. A catedral gótica deveria refletir a irradiação divina, com a utilização de materiais brilhosos no seu interior. A decoração interna era rica, com imagens de santos, pinturas, esculturas, além dos objetos do rito litúrgico.

Vitrais em Saint-Denis, França

Os vitrais – vidraças coloridas ou pintadas – foram excelentes veículos para ensinar aos homens a glória do poder divino. Ali se materializavam a história de Jesus Cristo e seus apóstolos, da Virgem Maria, passagens bíblicas etc. Um dos vitrais da Catedral de Chartres é exemplo de como este veículo é ímpar na capacidade de contar histórias. Ali está registrado a cruxificação de Cristo, a Paixão e suas aparições após a Ressureição. Confiram. Mas o efeito visual, o impacto pretendido, a sutileza das cores dependiam, sem dúvida nenhuma, da luz.

Os homens, ao adentrarem a catedral – muitos homens, porque o espaço no seu interior era enorme –, deveriam sentir o peso e a força da presença de Deus na sua alma.

Interior da catedral de Saint-Denis, França

O medievalista George Duby, ao considerar a catedral uma *obra teológica*, disse que:

> Deus é luz, os novos teólogos não se cansam de repeti-lo. Veem a criação como uma incandescência procedente de uma fonte única, uma luz que chama à existência, de degrau

111

em degrau, as criaturas [...]. Pelo fogo do amor, verdadeira inteligência de Deus, a alma escapa ao obscuro, flameja na luz em pleno dia. Eis por que a catedral, morada de Deus, se quis transparente, sendo sua arquitetura progressivamente reconduzida às vervuras, o grande vitral substituindo paredes [...]. Tudo o que podia romper a unidade do espaço interno é abolido. Este se torna homogêneo, uniformemente banhado por esses raios que são a um só tempo conhecimento e caridade [...]. A janela é doravante o ornamento em torno do qual tudo se organiza [...][17].

O marco que inaugurou o estilo na França foi a reconstrução da abadia beneditina de Saint-Denis, nas proximidades de Paris, entre 1137 e 1144, sob orientação do Abade Suger. Lá descansavam os grandes reis francos, e a obra que empreendeu foi emblemática destes novos tempos.

Abade Suger, pormenor de uma janela da Catedral de Saint-Denis, França

De Chartres (1217), Reims (1233), Notre-Dame (1250) e de outras catedrais francesas se difundiu o estilo gótico para o resto da Europa.

A partir do século XII, o Ocidente medieval já desfrutava de várias traduções do grego e do árabe para o latim, tendo contato com obras clássicas, como a de Aristóteles e outros autores ligados às áreas da medicina, filosofia, matemática, química e astronomia. No século XIII, a geografia e a cartografia se desenvolveram em função das viagens empreendidas ao Oriente por homens como Pierre D'Ailly e Marco Polo.

No plano da filosofia o grande destaque foram Alberto Magno (1200-1280) e Tomás de Aquino (1224-1274), representantes da cor-

---

[17] DUBY, G. *O tempo das catedrais*. Lisboa: Estampa, 1993, p. 49-50.

rente filosófica denominada de *Escolástica*, que buscou uma harmonia entre a fé e a razão, com base no pensamento de Aristóteles.

As mentalidades

Que estruturas mentais possuíam os homens da Idade Média? De que maneira viam o mundo ao seu redor? Quais eram seus sonhos, medos, esperanças, angústias, crenças? O que eles imaginavam? Estas questões nos levam a um campo bastante interessante da História, o das *mentalidades*.

A primeira característica importante das estruturas mentais do homem medieval foi a *religiosidade*. Já estudamos anteriormente o poder e a influência da Igreja nesta sociedade, que a concebeu composta por três ordens na Baixa Idade Média – os que rezam, os que guerreiam e os que trabalham. Esta ideia era totalmente compartilhada e assimilada pela população. Era a ideia de *imobilidade* social, que a certa altura se tornou mais flexível com o crescimento do mundo do comércio e do mundo das cidades, entrando em cena o mercador e as demais "profissões" típicas das atividades urbanas.

O mundo para os homens do Ocidente medieval tinha um caráter ameaçador e inseguro: uma natureza da qual dependiam, em regra hostil, mas que não era explicada cientificamente; doenças que não sabiam combater; a presença quase constante da fome e da carestia; o medo do desconhecido. Por isso, o mundo sobrenatural adquiriu uma força significativa nesta sociedade, onde o universo era visto como funcionando a partir da ação das forças do bem e do mal. Ou seja, Deus e o diabo estavam em todas as partes, em todas as manifestações concretas da vida: as boas dádivas – colheitas fartas, clima favorável às plantações, fertilidade da terra, vitórias em guerras – eram signos da presença divina atuando. Mas, quando o diabo se fazia presente, o mal se abatia sobre os homens: más colheitas, tempestades, secas, derrotas etc.

Não era possível para este homem compreender o mundo de outra forma. Esta dualidade estava manifesta em todos os momentos.

Para que o homem estivesse sempre sob as influências divinas, ele deveria desenvolver sua espiritualidade através de *obras positivas* aos olhos de Deus como forma de combate às forças do mal e às influências diabólicas.

As armas para enfrentar esta batalha constante no cotidiano difícil da vida na Idade Média feudal foram dadas pela Igreja: orações, exorcismos, sacramentos, amuletos protetores.

No início da Baixa Idade Média, já sabemos que o movimento monástico que ressurgiu no Ocidente, marcado pela fundação da Ordem de Cluny, no século X, influenciou os fiéis a tentarem chegar mais perto de Deus. Também o apelo à salvação através do resgate da cidade sagrada de Jerusalém, levando ao movimento das Cruzadas, por parte de diversas categorias sociais, estimulou bastante a ideia de elevação espiritual. Vimos que as Cruzadas foram *peregrinações* que induziam, na mentalidade medieval, à remissão dos pecados e à salvação.

As peregrinações eram viagens a lugares sagrados que continham *relíquias*, instrumentos importantes para a salvação da alma. Nas crenças destes homens, as relíquias eram objetos ou lugares sagrados que, em contato com os fiéis, tinham um grande poder de aproximá-los de Deus, propiciando transformações positivas, cura de doenças, melhoria de vida etc.

O século XIII foi o período áureo do culto às relíquias, sendo as catedrais locais especiais de veneração, a exemplo da Catedral de Chartres, na França, que possuía a túnica da Virgem Maria, e a Catedral de Colônia, que quando inaugurada em 1164 expôs os corpos dos três reis magos. Várias outras relíquias foram cultuadas em diferentes locais, como restos mortais de santos, dos apóstolos, da cruz de Cristo etc.

Uma das figuras mais importantes do universo mental do Ocidente medieval foi o diabo, que neste momento ganhou uma força significativa. Concebido na tradição cristã como anjo decaído, portanto teoricamente submetido ao poder de Deus, a quase onipotência de satã acabou por preponderar nos discursos dos teólogos na Baixa Idade Média. Foi a partir do ano 1000 que ele passou a ser representado no imaginário cristão. Representação animalesca, hostil, monstruosa, correspondente aos medos de fim de milênio, que assolaram o Ocidente medieval.

A partir do século XI, foi representado como um homem animalizado, com presas, chifres, orelhas pontudas, asas de morcego, e, a partir do século XIII, com cauda, corpo peludo, garras. Foi atribuída a ele uma intensa atividade sexual, com a possibilidade de fecundar mulheres, e uma inteligência ímpar, podendo influenciar e agir sobre o espírito humano e sobre a matéria. Os homens imaginavam-no assumindo diferentes formas: assaltava homens adormecidos, sob o aspecto de mulheres bonitas, ou então como homem, como santo ou como o próprio Cristo, quando tentava as religiosas.

O diabo também era imaginado como provocador de ódios, pesadelos, selando pactos com os homens, provocando tentações da carne, do dinheiro, do poder, e era inspirador de práticas mágicas, duramente condenadas pela Igreja.

A partir do século XIII, se consagrava a majestade de satã. Sua existência e sua nefasta influência era tão certa que Santo Tomás de Aquino afirmou que "a fé verdadeiramente católica determina que os demônios existem e que podem causar dano mediante suas operações"[18]. Sua imagem era quase imperial, e associada ao mau poder: sentado de frente, com cetro, coroa, trono, soberano na sua corte de demônios.

Danação no inferno
Anônimo, século XVI

---

[18] NOGUEIRA, C.R. *O diabo no imaginário cristão*. São Paulo: Edusc, 2000, p. 52.

Alegoria do mau governo (c. 1337-1340) – detalhe (c. 1337-1340).
Ambrogio Lorenzetti (c.1290-c.1348)

Ao longo de todo este período, dominou a concepção de que o diabo era o príncipe dos pecadores: o pecado original de Adão e Eva levou o homem a se submeter ao poder do demônio. Mas Cristo anulou com seu sacrifício o direito que o diabo tinha sobre a humanidade, levando o homem novamente para perto de Deus. Estava formado então o embate entre estas duas forças, e os inimigos da Igreja eram vistos como seguidores do diabo: os pagãos, os muçulmanos, os judeus, os hereges, os feiticeiros, os pecadores.

Os sete pecados capitais
Ieronimus Bosch, 1485/1490. Museu do Prado, Madri.

Entre os espaços possíveis do mundo do Além, para onde iam as almas dos homens após a morte – o paraíso e o inferno –, surgiu, na segunda metade do século XII, um terceiro espaço, o do *purgatório*. Dependendo do tipo de pecado e das condições da morte do indivíduo, à sua alma era vetada a entrada imediata para o inferno, indo assim para esta "sala de espera", o purgatório, na tentativa de se purificar e poder alcançar o paraíso.

Local menos terrível que a morada do diabo, as almas poderiam diminuir seus dias de purgação em função de orações, missas, penitências, peregrinações e oferendas depositadas em sua intenção. A inauguração deste novo espaço do tempo da Igreja fazia crescer imensamente o seu poder, cuja ajuda era fundamental no encaminhamento satisfatório de cada alma para o paraíso. Diria Jacques Le Goff, em seu estudo sobre o purgatório, que:

> A civilização medieval só podia se tornar poderosa estendendo até o além o domínio do espaço e do tempo sobre a terra, cá embaixo. A civilização medieval repousava sobre a ausência de fronteira impermeável entre o natural e o sobrenatural [...]. Sob outro ponto de vista, o purgatório modificava profundamente as relações entre os vivos e os mortos. Os mortos no purgatório não dispunham mais de nenhum poder sobre seu destino, sobre sua salvação [...]. A duração desta temporada dependia dos vivos, de seus sufrágios[19].

A noção de *contratualidade* também marcou a mentalidade medieval. Essência das relações sociais no feudalismo, o contrato pessoal – seja entre os nobres (contrato de suserania e vassalagem) ou entre nobres e servos (contrato servil), como já estudamos – se transpôs para as relações dos homens com Deus, criando entre eles vínculos hierárquicos recíprocos. Deus conferiu vida aos homens, que tinham por dever combater seu maior inimigo e traidor, o diabo, bem como os seus seguidores, como prova de fidelidade. O homem era vassalo de Deus, portanto devia se conduzir como tal, servindo-o de várias maneiras: peregrinando a lugares sagrados, cultuando relíquias, adorando santos, combatendo pecadores e hereges, e combatendo, por meio das Cruzadas, os usurpadores da cidade sagrada de Jerusalém.

Um anjo fecha a porta do inferno, no saltério de Winchester, 1150
British Library (Cotton Nero, ms. IV, fol. 39).

---

19 LE GOFF, J. *Em busca da Idade Média*. Rio de Janeiro: Civilização Brasileira, 2005, p. 146.

A mentalidade do homem medieval associava simbolismos variados. Por exemplo, cada parte de seu corpo correspondia a uma parte do mundo natural (a cabeça ao céu, os ossos às pedras, os sentidos aos animais etc.); a planta da igreja em cruz da arquitetura românica era associada ao poder de Cristo; a adoção de nomes de santos significava alguma ligação com eles; Deus era representado como uma esfera, sempre unificada e era identificado à luz. Vimos que o estilo arquitetônico gótico foi pródigo em projetar a luz, como símbolo do poder de Deus. As cores acentuadas dos vitrais das catedrais, as iluminuras dos livros, o brilho dos objetos decorativos do ritual eclesiástico, tudo isso era signo vivo da luz divina.

Para concluir, lembremos de um último aspecto da mentalidade medieval – o imaginário fantasioso que tanto marcou os contatos do Ocidente com o Oriente. As incursões de viajantes, mercadores e missionários pela Ásia e pelo Oceano Índico, ao longo da Baixa Idade Média, produziram inúmeros relatos e crônicas onde, às descrições geográficas, misturava-se certa percepção onírica, fantasiosa, maravilhada daquelas terras. Falava-se de um mundo repleto de riquezas variadas, raras especiarias, com ilhas de ouro, governado por reis cobertos de pérolas e pedras preciosas, era o local da abundância e do exotismo.

Os homens da Idade Média estiveram muito mais propensos a escutar do que propriamente a ver. Acreditaram nos relatos fantásticos daquele mundo que abrigava seres escandalosos e monstruosos, humanos ou animais, e que assim povoaram a sua imaginação, a exemplo dos mitos do paraíso terrestre, do reino de Gog e Magog, ou mesmo do Preste João. Sobre estes mundos, escreveu Jacques Le Goff, que eram habitados por

> homens com pés voltados para trás, cinocéfalos que ladram, vivendo muito além do tempo normal para a existência humana e cujo pelo, na velhice, escurece em vez de branquear, monópodes que se abrigam à sombra do único pé levantado, ciclopes, homens sem cabeça, com olhos nas espáduas e dois buracos no peito à guisa de nariz e boca, homens que vivem apenas do perfume de uma só espécie de fruto e morrem quando já o não podem respirar[20].

---

20 LE GOFF, J. "Ocidente medieval e o Oceano Índico: um horizonte onírico". *Para um novo conceito de Idade Média* – Tempo, trabalho e cultura no Ocidente. Lisboa: Estampa, 1979, p. 75.

Glossário

Latim – No tempo dos romanos, o latim era a língua falada e escrita, mas com a crise do império e a chegada dos germanos se transformou tanto que a partir de 600 deixou de ser falado. No século VIII, se modificou, dando origem a outros idiomas. O latim só sobreviveu como a língua eclesiástica, falada e escrita pelos membros da Igreja, embora estes falassem também suas línguas de origem.

Leituras complementares

DELUMEAU, J. *História do medo no Ocidente*. São Paulo: Companhia das Letras, 1996, p. 239-240.

DUBY, G. *O tempo das catedrais*. Lisboa: Estampa, 1993.

_____. *A Europa na Idade Média*. São Paulo: Martins Fontes, 1988.

LE GOFF, J. *O imaginário medieval*. Lisboa: Estampa, 1994.

_____. *Para um novo conceito de Idade Média.* Lisboa: Estampa, 1980.

LE GOFF, J. & SCHMITT, C. *Dicionário Temático do Ocidente Medieval*. Vol. 1. São Paulo: Edusc, 2002.

11

A crise do século XIV

Em inícios do século XIV, o grande crescimento econômico, que até então caracterizou o Ocidente medieval, estagnou-se. Esta depressão se estendeu até finais do século XV no sul da Europa e inícios do XVI no centro e no norte. Os avanços tecnológicos que marcaram o começo da Baixa Idade Média não foram suficientes para compensar a exploração agrícola predatória e extensiva. Era necessária uma ampliação permanente das áreas cultiváveis, e em algumas regiões, a certa altura, quando o cultivo de cereais tomou terras que eram utilizadas para a pecuária, aos poucos a produção agrária diminuiu em função da menor disponibilidade de adubo, caindo também a produção de carne, leite e derivados. Os recursos naturais foram diminuindo, ao passo que os grandes proprietários rurais investiam pouco na própria produção agrária. O crescimento da população, ao longo do período feudal, acabou sendo maior do que a produção de gêneros alimentícios, gerando um grande desequilíbrio com o passar do tempo.

Além disso, a busca frenética por terras cultiváveis gerou uma desestabilização ecológica pelo desmatamento de florestas, alterando o clima e o regime de chuvas da Europa no Ocidente. Entre 1314 e 1315, as chuvas torrenciais arrasaram as colheitas, aumentando em muito o preço do trigo. A fome se instalou, as taxas de mortalidade aumentaram e o consumo de bens manufaturados também, levando à retração do artesanato e do comércio.

A circulação monetária também foi bastante prejudicada no século XIV. A deficiência de recursos tecnológicos na extração de metais, ao longo do tempo, limitou a produção. A retração do comércio, gerando uma diminuição da circulação da moeda, e as necessidades geradas pela Guerra dos Cem Anos, que veremos adiante, foram fatores também agravantes. Como bem enfatizou Hilário Franco Júnior:

> Uma das maiores fragilidades e fonte de graves problemas econômicos eram as constantes mutações monetárias empreendidas pelos soberanos. Sempre necessitados de dinheiro, os monarcas diminuíam a proporção de metal precioso das moedas e mantinham seu valor nominal, cunhando assim um maior número de peças com a mesma quantidade de metal nobre. Mas dessa forma recebiam impostos em moeda desvalorizada, o que os levava a efetuar nova desvalorização, e assim sucessivamente. Para lembrar apenas o caso francês, entre 1330 e 1380 o *gros* perdeu 80% de seu valor real[21].

Representação da fome do século XIV
Heures de Rohan, século XV.

A grande crise demográfica na Baixa Idade Média foi deslanchada pela intensificação de ondas epidêmicas entre 1348-1350, conhecida como *Peste Negra*, moléstia responsável pela eliminação de cerca de dois terços da população europeia.

A doença era praticamente fatal em 80 a 100% dos casos, pouco tempo depois de contraída. Ironicamente, chegou à Europa por conta da grande expansão mercantil que marcou o feudalismo, vinda com os comerciantes oriundos da colônia genovesa de Caffa, na região do Mar Negro, e difundindo-se pelo restante da Europa. A doença devastou a população do sul para o norte, caminhando em velocidade espantosa e atingindo indistintamente ricos e pobres, bem e mal-alimentados. A salvação era

---

21 FRANCO JÚNIOR, H. *A Idade Média* – Nascimento do Ocidente. São Paulo: Brasiliense, 1988, p. 47.

estar longe dos focos, a exemplo dos personagens do *Decameron*, livro de autoria de Giovanni Boccaccio, escrito em 1350, que viram sua cidade natal, Florença, ser dizimada pela moléstia.

A crise econômica abalou as estruturas da nobreza feudal: fortunas ruíram e terras se perderam, levando muitos a rumarem em direção às cidades, menos atingidas pela crise do que o campo, sem contar aqueles dizimados pela peste, junto com seus servos. Tentando se recuperar economicamente, alguns nobres casavam suas filhas com burgueses, havendo assim um processo de enobrecimento de famílias na França. Estava consagrada a mobilidade social tão cara e impossível nos primeiros tempos do feudalismo. Ao mesmo tempo em que a nobreza feudal decaía, a burguesia adquiria força e adentrava ao mundo rural comprando terras de proprietários arruinados:

Doutor Schnabel de Roma durante a Peste Negra. Gravura de Paul Fürst, 1646.

> Assim, a burguesia revelava-se um elemento dissolvente do feudalismo em vários aspectos. Por suas atividades comerciais, artesanais e bancárias, rompia aos poucos o predomínio absoluto da agricultura. Por seus interesses na centralização política e seu consequente apoio à monarquia, contribuía para o recuo da aristocracia. Por seu racionalismo e individualismo, se opunha à religiosidade e coletivismo feudais. Por sua própria origem marginal e camponesa, quebrava a rigidez e hierarquia sociais[22].

De que modo a crise do século XIV se manifestou nas relações servis? As enormes dificuldades econômicas dos senhores levaram à fuga de muitos servos para as cidades, integrando a mão de obra urbana. Por outro lado, uma parcela deste campesinato se tornava livre, pois os senhores, cada vez mais interessados em adquirir moeda e re-

---

22 FRANCO JÚNIOR, H. *O feudalismo*. São Paulo: Brasiliense, 1983, p. 84.

Triunfo da morte
Peter Bruegel, 1562.

cursos, vendiam a liberdade àqueles que haviam conseguido economizar. Alguns se instalaram em terras localizadas em regiões assoladas pela peste, mas já recuperadas, e se dedicaram à pecuária, tendo algum rendimento. Nem todos os camponeses, no entanto, se beneficiaram deste momento, pelo contrário. Em regiões como a Inglaterra, os proprietários dos senhorios monásticos, com o intuito de se ressarcirem da crise, apertaram os laços de servidão, levando-a a um nível insuportável.

A presença cada vez mais intensa dos camponeses nas cidades fez aumentar a mão de obra disponível, levando a uma baixa dos salários e consequentemente a uma grande tensão social, expressa por várias revoltas populares que se iniciaram. Também no campo as sublevações atingiram os camponeses arrochados pela alta de impostos, como foi o caso da região de Flandres entre 1323 e 1328. Na França, a chamada *Jacquerie*, entre maio e junho de 1358, iniciada em Paris e difundida para outras regiões, surgiu dentro deste mesmo contexto: baixos salários, altos impostos e problemas gerados pela Peste Negra e pela Guerra dos Cem Anos.

As *Jacqueries* na França
Jean Froissard, 1358.

No nível político, a crise do século XIV se manifestou pela consagração da centralização do poder nas mãos do rei em confronto com os interesses da aristocracia feudal. A harmonia entre o poder real numa estrutura feudal começou a sofrer abalos quando cada vez mais o rei se tornava soberano, e não mais o maior dos suseranos. Medidas como a centralização da justiça, a formação de um exército real, por exemplo, acabavam por minar as jurisdições feudais e o poder da nobreza. Os reis apoiavam a burguesia, as estruturas urbanas e a libertação dos servos.

Em relação à atividade da guerra, o século XIV foi um período também de crise. O tempo da honra e do *status*, inerentes aos conflitos entre os cavaleiros, já ia longe. Os cavaleiros acabavam por perder seu prestígio e poder com o esvaziamento progressivo de sua função militar. Os confrontos agora não mais pretendiam, como outrora, capturar o inimigo, e sim sua eliminação. As armas da cavalaria feudal tinham se tornado obsoletas em relação, por exemplo, aos arcos ingleses, de grande alcance e alta precisão. E com o advento das armas de fogo, usadas pela primeira vez na Europa Ocidental em 1324, no cerco de uma fortaleza, consagravam-se os novos tempos da guerra.

Ao mesmo tempo em que a monarquia se fortalecia, o sentimento nacionalista também, originando conflitos como a Guerra dos Cem Anos, opondo França e Inglaterra entre 1337 e 1453. Sua origem remonta à disputa de territórios de antigos governantes da Inglaterra dentro da França, reivindicados em função dos direitos dos ingleses a territórios outorgados pelos reis franceses sob forma feudal, envolvendo as conexões familiares dos capetíngios franceses e plantagenetas ingleses. Este conflito

> [...] também envolveu questões feudais internas, pois cada vez mais se restringia o papel social da nobreza, que era cumprido através de guerras locais, proibidas pelas monarquias, daí a necessidade de guerras mais amplas, entre os Estados. Na perspectiva das monarquias, guerras nacionais significariam, entre outras coisas, a submissão e o controle definitivos da nobreza feudal. Na perspectiva desta, as guerras

monárquicas poderiam ser o caminho para restabelecer seu poder e controlar o próprio Estado. Deste duplo ponto de vista, a Guerra dos Cem Anos foi também o grande conflito feudal da Idade Média[23].

Concluímos este panorama da crise feudal caracterizando o ambiente espiritual extremamente problemático que marcou o período. Um misticismo e uma angústia coletiva se apoderaram desta sociedade, agora assolada pela peste, pela fome, pelas guerras, pela carestia. O castigo divino estava manifesto, castigo impingido aos homens por conta de todos os seus pecados, daí a proliferação de temas macabros e pessimistas na literatura e na arte.

Leituras complementares

FRANCO JÚNIOR, H. *A Idade Média* – Nascimento do Ocidente. São Paulo: Brasiliense, 1988.

---

23 FRANCO JÚNIOR, H. *A Idade Média* – Nascimento do Ocidente. São Paulo: Brasiliense, 1988, p. 66.

Série História Geral

- *História antiga: Grécia e Roma – A formação do Ocidente*
  Flávia Maria Schlee Eyler
- *Formação do mundo contemporâneo – O século estilhaçado*
  Maurício Parada
- *História medieval do Ocidente*
  Daniela Buono Calainho
- *História moderna – Os momentos fundadores da cultura ocidental*
  Antonio Edmilson M. Rodrigues e João Masao Kamita

Conecte-se conosco:

- facebook.com/editoravozes
- @editoravozes
- @editora_vozes
- youtube.com/editoravozes
- +55 24 2233-9033

www.vozes.com.br

Conheça nossas lojas:
www.livrariavozes.com.br

Belo Horizonte – Brasília – Campinas – Cuiabá – Curitiba
Fortaleza – Juiz de Fora – Petrópolis – Recife – São Paulo

EDITORA VOZES LTDA.
Rua Frei Luís, 100 – Centro – Cep 25689-900 – Petrópolis, RJ
Tel.: (24) 2233-9000 – E-mail: vendas@vozes.com.br